はじめに

和えて作るサラダといえば、
マカロニサラダにポテトサラダ、スパゲッティサラダ。
時々無性に食べたくなって、いくらでも食べられる。
白いごはんはもちろん、お酒のおつまみにだってぴったり。
「マカロニサラダが苦手」「ポテトサラダはちょっと…」なんて人は、
私のまわりにはいないような気がします。

あえだれやドレッシング、ソースを作ったら、
ゆでたり焼いたりした肉や魚、切った野菜を加えて、
ボウルの中でさっさっさっと混ぜるだけ。
火にかけながら味つけをする炒めものなどよりも、
ぐっと失敗が少なく、手軽に作れるおかずなのではないかな、と思います。
なにより、時間がたったり冷めたりしても、
変わらずおいしいというのも、大きな魅力です。

野菜は生のまま塩でもんで、肉はフライパンでこんがり焼いて。
こうして別々に下ごしらえをした素材を最後に合わせることで、
ひとつひとつの風味と食感が立ってきて、
びっくりするようなおいしさが生まれる。
野菜がたっぷりとれつつ、メインのおかずになるような
ボリューム満点の味ばかりです。

藤井 恵

もくじ

1章　うちの和えサラダの素

- 8　①鶏肉の塩麹焼き
- 9　　キャベツのしょうがオイルあえ
- 10　　豆苗の一味あえ
- 11　　れんこんのたらこマヨあえ
- 12　②ゆずこしょうそぼろ
- 13　　豆腐と万能ねぎあえ
- 14　　豆もやしとにんじんあえ
- 15　　ピーマンあえ
- 16　③塩豚バラ焼き
- 17　　いんげんの粒マスタードあえ
- 18　　ルッコラのごま油あえ
- 19　　サニーレタスのレモンあえ
- 20　④ゆで豚
- 21　　キャベツのピリ辛みそあえ
- 22　　即席大根キムチあえ
- 23　　みつばとみょうがあえ
- 24　⑤砂肝のコンフィ
- 25　　ブロッコリーとしめじのゆずあえ
- 26　　にんじんのはちみつビネガーあえ
- 27　　レンズ豆のフレンチドレッシングあえ
- 28　⑥サーモンマリネ
- 29　　ディルとケッパーあえ
- 29　　アボカドとタルタルソースあえ
- 30　⑦えびのガーリックハーブ蒸し
- 31　　トマトとみつばの一味あえ
- 31　　かぼちゃのハニーレモンあえ
- 32　⑧ほたてのオイル漬け
- 33　　にらのオイスターソースあえ
- 33　　かぶのコチュジャンあえ
- 34　⑨焼ききのこ
- 35　　青梗菜の山椒あえ
- 35　　香菜とナッツあえ
- 36　⑩ザワークラウト
- 37　　ソーセージの粒マスタードあえ
- 37　　じゃがいもの粉チーズあえ

2章　肉の和えサラダ

- 40　豚しゃぶとベビーリーフのおろしポン酢あえ
- 42　　水菜のごま酢あえ
- 43　　きのこの黒酢あえ
- 44　サラダチキンとかいわれの梅あえ
- 46　　オクラのだしじょうゆあえ
- 47　　春菊のコチュジャンあえ
- 48　豚ロース肉とキャベツのしょうがじょうゆあえ
- 50　豚ロース肉とにんにくの芽の　テンメンジャンあえ
- 51　ポークソテーとブロッコリーの　ハニーマスタードあえ
- 52　鶏もも肉とエリンギのレモンドレッシングあえ
- 54　鶏もも肉とアスパラのピーナッツバターあえ
- 55　鶏もも肉ともやしの長ねぎあえ
- 56　鶏むね肉ときゅうりのごまだれあえ
- 57　鶏むね肉とレタスのめんつゆとろろあえ
- 58　ささみとごぼうのゆずこしょうあえ
- 59　ささみとみつばのわさび漬けあえ
- 60　レバーと青梗菜の香味じょうゆあえ
- 62　砂肝とパプリカのガーリックあえ
- 63　カリカリベーコンのポテトサラダ
- 64　ひき肉とカリフラワーの山椒塩あえ
- 65　ひき肉とアボカドのクミンあえ
- 66　牛切り落とし肉とかぼちゃのヨーグルトあえ

3章　魚の和えサラダ

- 70　漬けまぐろと長いもあえ
- 71　たこときゅうりのナムル
- 72　あじとたくあんの甘酢あえ
- 73　しめさばとスプラウトのわさびじょうゆあえ
- 74　鯛の昆布じめとクレソンのレモンあえ
- 76　ゆでえびとスナップえんどうのゆずこしょうあえ
- 77　えびとマッシュルームの七味あえ
- 78　ほたてとセロリの粒マスタードあえ
- 79　いかとアスパラのくるみあえ
- 80　焼き鮭とじゃがいものみそくるみあえ

4章　豆腐・大豆・大豆製品・海藻の和えサラダ

- 84　豆腐ときのこのオイスターソースあえ
- 85　豆腐と水菜のしらすごま油あえ
- 86　カリカリ油揚げとベビーリーフの納豆あえ
- 87　厚揚げとゴーヤのねぎおかかあえ
- 88　ひたし豆とれんこんのからし酢じょうゆあえ
- 90　ゆで大豆とズッキーニのスパイスあえ
- 91　こんにゃくとアボカドの香味あえ
- 92　わかめとベーコンの甘酢あえ
- 93　わかめと桜えびのごま油あえ

5章　卵の和えサラダ

- 96　ゆで卵といんげんのクリームチーズあえ
- 98　きゅうりとディルのフレンチドレッシングあえ
- 99　さつまいもとじゃがいものにんにくあえ
- 100　ポーチドエッグのシーザーサラダ
- 102　揚げなすのしょうがじょうゆあえ
- 103　ほうれんそうの塩ポンあえ
- 104　揚げ卵と春菊のピリ辛ねぎあえ

6章　乾物の和えサラダ

- 108　切り干し大根と豚肉のゆずこしょうあえ
- 110　ザーサイの中華あえ
- 111　トマトの青じそあえ
- 112　ひじきと焼ききのこのゆずあえ
- 114　大豆のカレードレッシングあえ
- 115　白菜とツナのにんにくマヨあえ
- 116　マカロニとじゃがいもの明太マヨあえ
- 117　マカロニとブロッコリーのフレンチドレッシングあえ
- 118　スパゲッティとグリーンピースのカレーマヨあえ
- 119　スパゲッティと生ハムのバジルあえ
- 120　春雨とみつばのヤムウンセン風
- 121　春雨ときくらげの中華あえ

コラム／定番あえもの

- 122　キャベツのごまあえ
- 123　ブロッコリーの黒ごまあえ／ごぼうのごま酢あえ
- 124　にんじんの白あえ
- 125　ほうれんそうの白あえ／豆苗(トウミョウ)の白あえ
- 126　セロリの塩昆布あえ／かぶの塩昆布あえ
- 127　小松菜の梅あえ／わかめの酢みそあえ

【この本での約束ごと】
● 1カップは200㎖、大さじ1は15㎖、小さじ1は5㎖です。
●塩は精製されていないもの、サラダ油は「太白ごま油」、オリーブ油は「エキストラ・バージン・オリーブオイル」、だし汁は昆布、かつお節、煮干しなどでとったものを使っています。
●「ひとつまみ」とは、親指、人さし指、中指の3本で軽くつまんだ量のことです。
●電子レンジの加熱時間は、600Wのものを基準にしています。500Wの場合は、1.2倍の時間を目安にしてください。機種によっては、多少差が出ることもあります。

1章
Chapter 1

うちの和えサラダの素

そのまま食べておいしいのはもちろんのこと、
冷蔵庫にある野菜とさっと合わせるだけで
メインになるボリュームサラダが次々作れる、
うちで人気の「和えサラダの素」をご紹介します。
肉は塩や塩麹をもみ込み、冷蔵室でひと晩おくことで、
うまみが凝縮して、ひと味もふた味もおいしく。
魚介はマリネしたり、ハーブやにんにくを合わせて
風味をよくすると、ぐっと味わい深くなります。
時間がある時に少しまとめて作っておけば、
忙しい日のごはん作りに大いに役立ちますよ。

① 鶏肉の塩麹焼き

材料（5〜6人分）
鶏もも肉 …… 3枚（750g）
塩麹 …… 大さじ5（75g）
サラダ油 …… 小さじ1

(a)

作り方
1 鶏肉は塩麹をすり込み（a）、冷蔵室でひと晩おく。
2 フライパンにサラダ油を熱し、1を皮目から入れ、フライ返しで押しつけながら弱めの中火で7〜8分焼く。パリッとしたら裏返し、ふたをして弱めの中火で10分焼く。

塩麹

メモ 冷めたら保存容器に入れて冷蔵保存し、日持ちは4〜5日。スライスして小分けにしてラップで包み、冷凍室で約1か月。塩麹は、手軽な市販品を。豚肉や牛肉でも、肉の重量の10%の塩麹をもみ込めば作れて、2晩漬けると肉がやわらかくなって美味。魚焼きグリルで10〜15分焼いてもよく、たっぷりの長ねぎ、かいわれ、青じそやみょうがとあえても。塩麹は、ごま油と合わせてナムルにぜひ使って。

① 鶏肉の塩麹焼きで

キャベツのしょうがオイルあえ

材料（2〜3人分）
鶏肉の塩麹焼き……1枚分
キャベツ……6枚
A ┃ しょうが（すりおろす）……1かけ
　 ┃ オリーブ油……小さじ2
　 ┃ レモン汁……小さじ1

作り方
1 キャベツは細切りにし、塩小さじ1/3（分量外）をまぶし、しんなりしたら水けを絞る。鶏肉は大きめのひと口大に切る。
2 ボウルにAを入れて混ぜ、鶏肉、キャベツを加えてあえる。

メモ やや太めの細切りにした塩もみキャベツと合わせ、レモンをきかせた、さっぱりとしたオイルあえです。肉にしっかり味がついているので、キャベツには薄めに塩味をつけるだけ。キャベツはしんなりしたほうが肉となじむので、15分ほどおくのがおすすめです。

豆苗の一味あえ

材料（2〜3人分）
鶏肉の塩麹焼き (8ページ) —— 1枚分
豆苗 —— 1袋
酒 —— 小さじ1/2
一味唐辛子 —— 少々

作り方
1 鶏肉は1cm幅に切り、豆苗は根元を切って長さを半分に切る。耐熱ボウルに酒とともに入れ、ラップをかけて電子レンジで2分加熱する。
2 一味唐辛子を加えてあえ、器に盛って一味唐辛子少々（分量外）をふる。

メモ　鶏肉と豆苗を合わせて電子レンジ加熱することで、肉のうまみを豆苗に吸わせます。肉汁を全体によくからめて食べてください。青梗菜（チンゲンサイ）、小松菜、ブロッコリー、にらなどで作ってもよく合います。塩麹焼きを作った時の焼き汁があれば、電子レンジ加熱する時に大さじ1加えると、よりジューシーに仕上がります。

①鶏肉の塩麹焼きで

れんこんのたらこマヨあえ

材料（2〜3人分）
鶏肉の塩麹焼き（8ページ）……1枚分
れんこん……1節（150g）
A ┃ たらこ（薄皮を除く）……½腹（1本・40g）
　┃ マヨネーズ……小さじ2
　┃ レモン汁……小さじ1

作り方
1 れんこんは皮をむいてスライサーでごく薄い輪切りにし、半分に切ってさっと洗う。塩少々（分量外）を加えた熱湯で透き通るまで2分ゆでてざるに上げ、キッチンペーパーで水けをふく。鶏肉は2cm角に切る。
2 ボウルにAを入れて混ぜ、鶏肉、れんこんを加えてあえる。

メモ　肉となじみがいいように、れんこんはスライサーでごく薄切りにしましたが、7〜8mm幅くらいの厚めに切っても食感があっておいしい。れんこん自体にうまみがあるので、たらこ＋マヨを合わせることによるうまみの相乗効果で、ごはんがすすむおかずになります。

ゆずこしょうそぼろ

材料（5〜6人分／約 2½ カップ）
鶏ひき肉……400g
A ┌ ゆずこしょう……大さじ 1
  │ 酒……大さじ 2
  └ しょうゆ……小さじ 2

作り方
1 フライパンにひき肉、A を入れ、菜箸でなじむまでよく混ぜる。
2 中火にかけ、菜箸 4 本で絶えず混ぜながら（a）、肉に火が通ってパラパラになるまでいりつける。再び汁けが出てくるので、しっかりいりつけてとばす。

（a）

ゆずこしょう

 メモ 冷めたら保存容器に入れて冷蔵保存し、日持ちは 4〜5 日。ファスナー式の保存袋に平らに入れ、冷凍室で約 1 か月。火にかける前に肉に調味料をよく混ぜるのが、ふっくら仕上げるコツ。ゆでたじゃがいも、れんこん、里いも、かぼちゃとあえてもおいしいです。ゆずこしょうは、青ゆずの皮と青唐辛子を塩で練り上げた調味料。しょうゆを少し加えると、おいしさが倍増します。

②ゆずこしょうそぼろで

豆腐と万能ねぎあえ

材料（2～3人分）
ゆずこしょうそぼろ……1/2カップ分
木綿豆腐……1丁（300g）
万能ねぎ……4本

作り方
1 豆腐はキッチンペーパーで包んで15分おき、万能ねぎは小口切りにする。そぼろは耐熱容器に入れ、ラップをかけて電子レンジで30秒加熱して温める。
2 ボウルにそぼろ、ざっくりくずした豆腐を入れて混ぜ、万能ねぎを加えてあえる。

メモ　ゆずこしょうの風味が詰まったそぼろが、調味料がわり。万能ねぎのかわりにかいわれでも、ごま油を加えてもおいしい。先にそぼろと豆腐を混ぜると、味がしっかりなじみます。ごはんにかけて食べてもおいしいおかずです。

豆もやしとにんじんあえ

材料（2〜3人分）
ゆずこしょうそぼろ（12ページ）
　……1/2カップ分
豆もやし……1袋（200g）
にんじん……1/4本

作り方
1 にんじんは皮をむいてスライサーでせん切りにし、豆もやし、水大さじ2、塩少々(分量外)とともに耐熱ボウルに入れ、ラップをかけて電子レンジで5分加熱する。
2 1をざるに上げ、キッチンペーパーで水けをふいてボウルに戻し、そぼろを加えてあえる。

メモ　豆もやしとにんじんは電子レンジで加熱したら、水けをしっかりふくと水っぽくならず、味が決まります。せん切りにしたじゃがいもや大根で、同様に作るのもおすすめ。電子レンジ加熱したアツアツの野菜に加えるので、そぼろは温めずに使ってOKです。

②ゆずこしょうそぼろで

ピーマンあえ

材料（2～3人分）
ゆずこしょうそぼろ（12ページ）
　……1/2 カップ分
ピーマン（緑）……5個
ピーマン（赤）……1個
金いりごま（または白いりごま）……小さじ 1

作り方
1　ピーマンは縦半分に切って種を除き、横に薄切にする。そぼろは耐熱容器に入れ、ラップをかけて電子レンジで30秒加熱して温める。
2　ボウルに材料をすべて入れ、よくあえる。器に盛り、金いりごま少々(分量外)をふる。

メモ　小学生の時に生のピーマンを食べて以来、ピーマンが大好きになりました。横にごく薄めに切ると、苦みが出なくてとても食べやすく、おいしいんです。色みがきれいなので、赤のピーマンを混ぜましたが、緑のピーマンだけで作っても、もちろんいいですよ。

③ 塩豚バラ焼き

材料（5～6人分）
- 豚バラ角切り肉（カレー用）……500g
- 塩……大さじ½
- 粗びき黒こしょう……小さじ½
- 酒……大さじ3
- サラダ油……小さじ2

(a)

作り方
1. 豚肉は全体に塩をしっかりまぶし、ポリ袋に入れて空気を抜き、冷蔵室で1～2日おく。
2. 1の水けをキッチンペーパーでふき、黒こしょうをまぶし、サラダ油を熱した厚手の鍋で全体を強火でこんがり焼く。
3. 出てきた脂をペーパーでふき、酒をふって煮立たせ、水大さじ3を加えて（a）ふたをして弱火で1時間蒸し焼きにする（途中でこげそうになったら水を足す）。

メモ　冷めたら保存容器に入れて冷蔵保存し、日持ちは約1週間。小分けにしてラップで包み、冷凍室で約1か月。豚バラ肉は、かたまりなら4cm角に切って。塩をまぶして1日おくだけでも十分おいしいですが、2日おくとさらにうまみが凝縮します。こんがり焼きつけることで、ベーコンのような香ばしさが生まれ、じっくり蒸し焼きにすると、ジューシーなごちそうに。ゆでたじゃがいも、レンズ豆、白いんげん豆とあえても美味です。

③塩豚バラ焼きで

いんげんの粒マスタードあえ

材料（2～3人分）
塩豚バラ焼き …… 150g 分
いんげん …… 2袋（200g）
A ｛ 粒マスタード …… 大さじ1
　　玉ねぎ（すりおろす）…… 小さじ1
　　しょうゆ …… 小さじ½

作り方
1　豚肉は2～3等分の棒状に切り、いんげんはヘタを除き、長さを半分に切る。
2　フライパンに湯を沸かして塩少々（分量外）を加え、いんげんを2分ゆでてざるに上げる。続けてフライパンをふいて熱し、豚肉の両面を焼いて温める。
3　ボウルにAを入れて混ぜ、豚肉、いんげんを加えてあえる。

メモ：豚バラ肉に塩けがしっかりあるので、ほんの少しのしょうゆで味つけは完了。豚肉はフライパンの中火で両面を軽く焼き、温めてから使います。アスパラやスナップえんどうで同様に作ってもいけます。

ルッコラのごま油あえ

材料(2〜3人分)
塩豚バラ焼き(16ページ) ―― 150g 分
ルッコラ ―― 1束
A ┃ ごま油、白ワインビネガー
　┃ 　　―― 各小さじ1
　┃ 塩、こしょう ―― 各少々

作り方
1　ルッコラは3〜4cm長さに切る。豚肉はフライパンで両面を焼いて温める。
2　ボウルにAを入れて混ぜ、豚肉、ルッコラを加えてあえる。

メモ　ルッコラのほか、香菜(シャンツァイ)、みつば、せりなと、香りのある野菜で作るのがおすすめ。生の豆苗(トウミョウ)でもおいしい。ごま油で香りをつけるのがポイントで、温めた肉と合わせることで、ルッコラが少ししんなりしたところが美味です。

③塩豚バラ焼きで

サニーレタスのレモンあえ

材料（2〜3人分）
塩豚バラ焼き（16ページ）……150g 分
サニーレタス……4枚
紫玉ねぎ……1/2個
レモン汁……大さじ1
A ┌ オリーブ油……小さじ1
　└ 塩……小さじ1/4
粗びき黒こしょう……少々

作り方
1 紫玉ねぎは薄切りにしてボウルに入れ、レモン汁をかけて5分おき、サニーレタスはひと口大にちぎる。豚肉はフライパンで両面を焼いて温める。
2 1のボウルに豚肉、サニーレタス、Aを加えてあえる。器に盛り、黒こしょうをふる。

メモ　紫玉ねぎにレモン汁をかけて5分おくことで、辛みが抜け、香りが引き立ちます。私は紫玉ねぎが大好き。紫玉ねぎをもっとたっぷり加えたり、パセリのみじん切りをどっさり入れて作るのも気に入っています。

4　ゆで豚

材料（5～6人分）
豚肩ロースかたまり肉……500g
A ｜ 長ねぎの青い部分……1本分
　 ｜ にんにく……1かけ
　 ｜ シナモンスティック（あれば）……1本
　 ｜ みそ……大さじ2

(a)

作り方
1　豚肉は室温に1時間おく。
2　直径18cmくらいの鍋に水3カップ、Aを煮立たせ、よく混ぜてみそを溶かし、1を入れて落としぶた（オーブンシートのまん中に十字に切り込みを入れたもの）をのせてふたをする。再び煮立ったら弱火で40分ゆで、そのまま冷ます（a）。

メモ
ゆで汁ごと保存容器に入れて冷蔵保存し、日持ちは約1週間。スライスして小分けにしてラップで包み、ゆで汁とは別にして冷凍室で約1か月。シナモンとみそで肉のくさみを消し、風味よく仕上げます。豚肉は、たこ糸が巻いていなくてもOK。ゆで汁は、スープなどに利用して。きゅうりやトマト、香菜（シャンツァイ）や長ねぎ、ザーサイやメンマとあえてもおいしい。

④ゆで豚で

キャベツのピリ辛みそあえ

材料（2〜3人分）
ゆで豚……150g 分
キャベツ……6 枚
長ねぎ……⅓ 本
A ┌ 酢……大さじ 1
　├ みそ……小さじ 2
　├ オリーブ油……小さじ 1
　└ 豆板醤、砂糖……各小さじ ½

作り方
1 長ねぎは 4〜5cm長さのせん切りにし、水にさらす。豚肉は薄切りにする。
2 キャベツは熱湯でさっとゆで、粗熱がとれたらざく切りにし、水けを絞る。
3 ボウルに A を入れて混ぜ、豚肉、長ねぎの ⅔ 量、2 を加えてあえる。器に盛り、残りの長ねぎをのせる。

メモ　ピリ辛みそにまず豚肉を加えることで、肉のうまみがうつり、濃厚な味わいのあえごろもになります。キャベツのかわりに、焼いたしめじやエリンギなどのきのこ、ゆでたレタスやピーマンで作ってもよく合います。

即席大根キムチあえ

材料(2〜3人分)
ゆで豚(20ページ) …… 150g分
大根 …… 1/3本
粗びき粉唐辛子 …… 大さじ1＊
A ┃ 万能ねぎ(4cm長さに切る) …… 4本
　 ┃ しょうが(すりおろす) …… 1/3かけ
　 ┃ 削り節 …… 1パック(2g)
　 ┃ しょうゆ …… 小さじ2
　 ┃ ごま油 …… 小さじ1
＊または一味唐辛子小さじ1/3

作り方
1　大根は皮をむいて5cm長さ、7〜8mm角の棒状に切り、塩小さじ1、砂糖小さじ2(ともに分量外)をまぶして15分おき、水けを絞る。豚肉は薄切りにする。
2　ボウルに大根を入れ、粉唐辛子、Aの順に加えて混ぜる。豚肉を加え、全体にあえる。

粗びき粉唐辛子

メモ　大根は、塩と砂糖をまぶすことで甘みが引き出されます。唐辛子と香味野菜をたっぷり加えると、奥深い味わいのキムチに。粗びき粉唐辛子は、甘みと香りのある韓国の唐辛子。肉の下味や魚を煮たり、焼き肉のたれに加えたりと、私はこしょうのように使っています。

④ゆで豚で

みつばとみょうがあえ

材料（2〜3人分）
ゆで豚（20ページ）……200g 分
みつば……1袋
みょうが……2個
きゅうり……1本
A ┃ しょうゆ、金いりごま（または白いりごま）
　┃ 　……各小さじ2

作り方
1 豚肉は5mm角の棒状に切り、みつばは3cm長さに切る。みょうがは縦半分に切って斜め薄切りに、きゅうりは斜め薄切りにして細切りにする。
2 ボウルに1（みつばの葉先は少し残す）を入れ、Aを加えてあえる。器に盛り、みつばの葉先をのせる。

メモ　みつばやみょうがなど、香りのあるたっぷりの野菜とともに、ゆで豚をいただきます。しょうゆを加えるとごはんに合うおかずになりますが、かわりに塩であえてもおいしい。青じそ、香菜（シャンツァイ）、長ねぎ、玉ねぎ、せりなどで作ってもいいですね。

⑤ 砂肝のコンフィ

材料（5〜6人分）
砂肝……400g（正味300g）
塩……小さじ1弱
A ┃ オリーブ油（またはサラダ油）……1カップ
  ┃ にんにく（縦半分に切る）……1かけ
  ┃ ローリエ……1枚
  ┃ 黒粒こしょう……小さじ1

(a)

作り方

1 砂肝は銀皮を薄くそぎ落とし（下参照）、塩をもみ込んで1時間おく。

2 1の水けをキッチンペーパーでふき、Aとともに厚手の鍋に入れて中火にかけ、フツフツしたらごく弱火にし、ふたをして1時間30分煮る（時々火を消したりしながら、鍋のふちが小さくフツフツするくらいを維持する・a）。または、オーブン使用可の鍋に入れてふたをし、110℃に温めたオーブンで1時間30分加熱する。

砂肝の銀皮（上）

 メモ 冷めたらオイルごと保存容器に入れて冷蔵保存し、日持ちは約2週間。ファスナー式の保存袋にオイルごと平らに入れ、冷凍室で約1か月。あればタイム（生）を加えると、風味がアップ。砂肝は、塩をもみ込んで冷蔵室でひと晩おいても。残った油は、ドレッシングや炒めものに。クレソンとレモン汁、香菜（シャンツァイ）、みつばとあえても。

⑤砂肝のコンフィで

ブロッコリーとしめじのゆずあえ

材料（2〜3人分）
砂肝のコンフィ……1/2 カップ分
ブロッコリー……1/2 株
しめじ……1 パック (100g)
A ┃ ゆずの絞り汁……大さじ 1/2
　┃ だし汁(または水)……大さじ 1
　┃ しょうゆ……小さじ 1/2
　┃ 塩……少々
コンフィの油……大さじ 1

作り方
1 ブロッコリーは小房に分け、しめじは石づきを除いて食べやすくほぐす。
2 フライパンにコンフィの油を熱し、ブロッコリー、しめじを強めの中火で炒め、薄く色づいたら砂肝を加え、温まるまで炒める。
3 ボウルにAを入れて混ぜ、2を加えてあえる。

メモ
コンフィの油で香ばしく炒めると、うまみのある味に。ゆずの絞り汁のかわりに、レモン汁でも。
アスパラ、菜の花、じゃがいも、カリフラワーと、しめじ以外のきのこで作るのもおすすめです。
コンフィは電子レンジで温めると、オイルが発火する可能性があるので避けてください。

にんじんのはちみつビネガーあえ

材料（2〜3人分）
砂肝のコンフィ（24ページ）…… 1/2 カップ分
にんじん …… 大 1 本
A ┌ 白ワインビネガー …… 大さじ 1
  │ はちみつ …… 小さじ 1/2
  │ タイム（生・葉をちぎる）…… 1 枝
  └ こしょう …… 少々
コンフィの油 …… 大さじ 1

作り方
1 にんじんは皮をむいてスライサーで細切りにし、塩小さじ 1/2（分量外）をまぶし、しんなりしたら水けを絞る。
2 砂肝はコンフィの油で炒め、温める。
3 ボウルにAを入れて混ぜ、砂肝、にんじんを加えてあえる。器に盛り、タイム少々（分量外）を散らす。

メモ　栄養満点のひと皿。にんじんはせん切りではなく、やや太めに切ると、食感が残っておいしい。あれば、にんじんしりしり用のスライサーを使うのがベストです。タイムのかわりに、パセリのみじん切りをたっぷり加えてもよく合います。

⑤砂肝のコンフィで

レンズ豆のフレンチドレッシングあえ

材料（2〜3人分）
砂肝のコンフィ（24ページ）……1/2カップ分
レンズ豆（乾燥・ブラウン）……1/2カップ
サニーレタス……2枚
A ┌ 白ワインビネガー……大さじ1/2
  │ 玉ねぎ（すりおろす）……小さじ1
  │ 塩……小さじ1/4
  └ こしょう……少々
コンフィの油……大さじ1

作り方
1 レンズ豆は洗い、たっぷりの水、塩少々（分量外）とともに鍋に入れて火にかけ、煮立ったら弱火で好みのかたさに10〜15分ゆで、ざるに上げる。
2 砂肝はコンフィの油で炒め、温める。サニーレタスは食べやすくちぎる。
3 ボウルにAを入れて混ぜ、砂肝、1、サニーレタスを加えてあえる。

レンズ豆

メモ　ドレッシングにコンフィと豆を混ぜてからレタスを加えると、レタスがよりおいしく。レンズ豆は皮つきのブラウンと皮なしのレッドがあり、ゆでてサラダに、ベーコンとスープにしたり、カレーに入れても合います。

⑥ サーモンマリネ

材料(5〜6人分)
サーモンの刺身 …… 小3さく(300g)
A ┃ レモン汁 …… 大さじ5
　┃ はちみつ …… 大さじ1½
　┃ 塩、玉ねぎ(すりおろす)
　┃ 　…… 各大さじ1
　┃ こしょう …… 少々

作り方
1 保存容器にAを入れて混ぜ、サーモンを加え、冷蔵室で1時間以上おく(途中で1回裏返す・a)。

(a)

メモ　冷蔵保存し、日持ちは約2日。1さくずつラップで包み、冷凍室で約1か月。レモン汁大さじ5がなければ、半量を白ワインビネガーにしても。ディル(生)の茎があれば、刻んで加えてもおいしいです。プチトマト、ピーマン、パプリカのほか、ゆでたじゃがいもとあえるのもおすすめ。サラダにした時に味が足りなければ、サーモンのマリネ液を少し加えて。

⑥サーモンマリネで

ディルとケッパーあえ

材料（2～3人分）
サーモンマリネ……小1さく分
玉ねぎ……½個
ディル（生・98ページ参照）……5枝
ケッパー……大さじ1
オリーブ油……小さじ2
塩、こしょう……各少々

作り方
1 サーモンは薄切りに、玉ねぎは横に薄切りにして水にさらし、水けをふく。ディルは葉をつみ、ケッパーは粗く刻む。
2 ボウルに材料をすべて入れ、よくあえる。

アボカドと
タルタルソースあえ

材料（2～3人分）
サーモンマリネ……小1さく分
アボカド……1個
ゆで卵……2個
A｛ マヨネーズ、レモン汁……各小さじ1
　　塩、こしょう……各少々

作り方
1 アボカドは縦半分に切って種と皮を除き、サーモンとともに1.5cm角に切る。ゆで卵は縦4等分に切り、横半分に切る。
2 ボウルにAを入れて混ぜ、サーモン、ゆで卵、アボカドを加えてあえる。

7　えびのガーリックハーブ蒸し

材料（5〜6人分）
殻つきえび（ブラックタイガーなど）
　……25尾（500g）
A ┃ にんにく（みじん切り）……1かけ
　┃ バジル、オレガノ（ともにドライ）
　┃ 　……各小さじ1
　┃ 白ワイン……大さじ2
　┃ 塩、こしょう……各少々

作り方
1　えびは殻をむき、背に切り込みを入れて背ワタを除く。
2　フライパンにA、1を入れて混ぜ、ふたをして中火にかける。煮立って水分が出てきたら、時々混ぜながら弱火で3〜4分蒸し煮にする（a）。

(a)

オレガノ

メモ　冷めたら保存容器に入れて冷蔵保存し、日持ちは3〜4日。ファスナー式の保存袋に平らに入れ、冷凍室で約1か月。やさしい火でふっくら、やわらかく仕上げるのがコツ。ハーブは1種類だけでも、入れなくてもOKです。ゆでたスナップえんどう、グリーンピースとあえてもおいしい。オレガノは、肉や魚、トマトなどの夏野菜とよく合うハーブ。加えると、ワンランク上の味わいになります。

トマトとみつばの一味あえ

材料（2～3人分）
えびのガーリックハーブ蒸し……10尾分
A ┌ トマト（5mm角に切る）……1個
　│ きゅうり（縦4等分に切って種を除き、
　│ 　5mm角に切る）……1本
　┤ みつば（5mm幅に切る）……1/2袋
　│ 酢……小さじ2
　│ 一味唐辛子……小さじ1/4
　└ 塩……ふたつまみ

作り方
1 ボウルにAを入れて混ぜ、えびを加えてあえる。

⑦えびのガーリックハーブ蒸しで

かぼちゃのハニーレモンあえ

材料（2～3人分）
えびのガーリックハーブ蒸し……10尾分
かぼちゃ……1/6個（250g）
A ┌ レモン汁……大さじ1
　└ はちみつ……小さじ2

作り方
1 かぼちゃは種とワタを除いて皮ごと2cm幅のくし形に切り、水1/4カップ、塩小さじ1/4（分量外）とともにフライパンに入れてふたをして火にかけ、煮立ったら中火で5分蒸し煮にする。
2 ボウルにAを入れて混ぜ、えび、水けをきった1を加えてあえる。

⑧ ほたてのオイル漬け

材料（5〜6人分）
ほたて貝柱（刺身用）…… 20個（300g）
塩 …… 小さじ1
A ┌ オリーブ油 …… 1カップ
　├ にんにく（薄切り）…… 1かけ
　└ ローリエ …… 1枚

作り方
1 ほたては塩をまぶし、15分おく。
2 鍋に1、Aを入れて中火にかけ、時々返しながらほたての表面が白くなったら火を止め（a）、ふたをしてそのまま冷ます。

(a)

メモ
オイルごと保存容器に入れて冷蔵保存し、日持ちは4〜5日。ファスナー式の保存袋にオイルごと平らに入れ、冷凍室で約1か月。ほたては、まわりが白くなったら火を止め、余熱でゆっくり火を通すことで、しっとりと仕上げます。ボイルほたてで作るなら、ひと煮立ちさせるだけでOK。まぐろの刺身で作ってもおいしく、きゅうりやとうもろこしとあえて食べても合います。残ったオイルは、炒めものやドレッシングに。

⑧ほたてのオイル漬けで

にらの
オイスターソースあえ

材料（2〜3人分）
ほたてのオイル漬け …… 8個分
にら …… 1束
きゅうり …… 1本
A ┌ オイスターソース、酢
  │   …… 各小さじ2
  │ しょうゆ …… 小さじ1
  └ にんにく（すりおろす）…… 少々
オイル漬けの油 …… 大さじ1

作り方
1 にらは5cm長さに切り、きゅうりは縦半分に切って種を除き、斜め薄切りにする。
2 フライパンにオイル漬けの油を熱し、ほたて、にらを強火でさっと炒める。
3 ボウルにAを入れて混ぜ、2、きゅうりを加えてあえる。

かぶの
コチュジャンあえ

材料（2〜3人分）
ほたてのオイル漬け …… 8個分
かぶ …… 4個
かぶの葉 …… 1個分
A ┌ コチュジャン（47ページ参照）、酢
  │   …… 各大さじ2
  │ 砂糖、粗びき粉唐辛子
  │   …… 各大さじ½
  │ ごま油、金いりごま（または白いりごま）
  │   …… 各小さじ½
  └ にんにく（すりおろす）…… 1かけ

作り方
1 ほたては縦半分にさき、かぶは皮をむいて8等分のくし形に切る。葉は2cm幅に切り、塩ふたつまみ（分量外）をまぶし、しんなりしたら洗って水けを絞る。
2 ボウルにAを入れて混ぜ、1を加えてあえる。

9 焼ききのこ

材料（5〜6人分／約3カップ）
生しいたけ……2パック（200g）
しめじ……2パック（200g）
まいたけ……2パック（200g）
A ┌ 酒……大さじ2
　 └ 塩……小さじ1/3

作り方
1 しいたけは石づきを除いて縦半分に切り、しめじとまいたけは石づきを除き、食べやすくほぐす。
2 フライパンにきのこ、Aを入れ、ふたをして中火にかける。蒸気が出てしんなりしたらふたをとり、強火で汁けをとばしながら香りが立つまでいりつける（a）。

(a)

メモ　冷めたら保存容器に入れて冷蔵保存し、日持ちは4〜5日。ファスナー式の保存袋に平らに入れ、冷凍室で約1か月。きのこは1種類でもよく、エリンギ、えのき、マッシュルームなどでもOK。水分をとばしながら軽く焼き目をつけると、香ばしくなります。少量で食物繊維がとれるので、ストックしておくと便利。ゆで卵と粒マスタードであえたり、生の春菊と合わせても。

⑨焼ききのこで

青梗菜の山椒あえ
（チンゲンサイ）

材料（2〜3人分）
焼ききのこ……1カップ分
青梗菜……2株
A ┃ しょうゆ、酢……各小さじ1
　 ┃ 粉山椒、砂糖……各小さじ½
　 ┃ しょうが(すりおろす)……½かけ

作り方
1 青梗菜は長さを半分に切り、茎は縦6等分に切る。水1カップ、サラダ油小さじ1、塩小さじ½(ともに分量外)を煮立たせたフライパンで2〜3分ゆで、ざるに上げる。
2 ボウルにAを入れて混ぜ、きのこ、1を加えてあえる。

香菜とナッツあえ
（シャンツァイ）

材料（2〜3人分）
焼ききのこ……1カップ分
香菜……4株
ミックスナッツ(できれば食塩無添加のもの)
　……½カップ(60g)
A ┃ ナンプラー、レモン汁
　 ┃ 　……各小さじ2
　 ┃ 砂糖……小さじ1
　 ┃ にんにく(みじん切り)……1かけ
　 ┃ 赤唐辛子(小口切り)……1本

作り方
1 香菜は2cm幅に切り(葉先は少し残す)、ナッツはフライパンでからいりし、粗く刻む。
2 ボウルにAを入れて混ぜ、きのこ、1を加えてあえる。器に盛り、香菜の葉先を添える。

10 ザワークラウト

材料（5～6人分／約5カップ強）
キャベツ……1個(1kg)
塩……大さじ1～1⅓
赤唐辛子(小口切り)……2本

(a)

作り方
1 キャベツは細切りにして塩をまぶし、赤唐辛子を加え、ビニール袋などに入れて空気を抜き、口をしっかりしばる。キャベツの重さの1.5倍以上の重しをのせ、水けが出てくるまで2時間ほどおく（a）。
2 重しをはずし、すっぱい香りがしてくるまで室温におく（夏：1日、冬：3～4日）。

メモ　酸に強い密閉容器に入れて冷蔵保存し、日持ちは1～2か月。キャベツに1.5～2%(15～20g)の塩を加え、乳酸発酵させることで、やわらかな酸味が出ておいしくなります。重しをしっかりのせて、水分を出すのが大切。発酵臭が苦手な人は、黒粒こしょう、実山椒、クローブ（ホール）を加えても。保存する時は、空気に触れると黒く変色するので、びんなどのしっかり密閉できるものがおすすめです。ベーコンやハム、納豆とあえても美味です。

ソーセージの粒マスタードあえ

⑩ザワークラウトで

材料（2～3人分）
ザワークラウト……1カップ分
ソーセージ……6本
A ┌ 粒マスタード……大さじ1
　 └ レモン汁……小さじ1

作り方
1 フライパンにソーセージ、水大さじ2を入れて中火にかけ、時々返しながら蒸しゆでにし、水けをとばしてこんがり焼きつけ、斜め半分に切る。
2 ボウルにAを入れて混ぜ、1、ザワークラウトを加えてあえる。

じゃがいもの粉チーズあえ

材料（2～3人分）
ザワークラウト……1½カップ分
じゃがいも……1個（150g）
粉チーズ……大さじ3
オリーブ油……大さじ1
粗びき黒こしょう……たっぷり

作り方
1 じゃがいもは皮をむいてスライサーでせん切りにし、さっと洗う。塩少々（分量外）を加えた水に入れて火にかけ、煮立ったら1分ゆで、ざるに上げる。
2 ボウルに材料をすべて入れ、よくあえる。器に盛り、粉チーズ、粗びき黒こしょう各適量（分量外）をふる。

2章
Chapter 2

肉の和えサラダ

手軽さで人気の豚しゃぶに、しっとりおいしいサラダチキン、
カリカリに焼いた豚肉や鶏肉…。
主菜にもぴったりのボリューム満点サラダを集めました。
ボウルに調味料を混ぜたら、肉⇒野菜の順に加えてあえると、
あえごろもに肉のうまみがうつって、
味がしっかりからんで、とびきりおいしく。
酸味を少しだけ加えるのもポイントで、
味全体が引きしまり、あと味もすっきりします。
香味野菜を合わせて香りを加えると、
ごはんがすすむパンチのあるひと皿になります。

豚しゃぶとベビーリーフのおろしポン酢あえ

材料（2〜3人分）
- 豚ロース薄切り肉（しゃぶしゃぶ用）…… 20枚（200g）
- 酒、マヨネーズ …… 各大さじ1/2
- ベビーリーフ …… 1パック
- 大根おろし（水けを軽くきる）…… 10cm分
- A ┌ ポン酢じょうゆ …… 大さじ3
    │ オリーブ油 …… 小さじ1
    └ ゆずこしょう …… 小さじ1/2

作り方
1. 豚肉は1枚ずつ広げて酒、マヨネーズを塗り（a）、10分おく。
2. 鍋に湯を沸かして塩少々（分量外）を加え、1を2〜3枚ずつ入れて弱火で静かにゆで（b）、色が変わったらざるに上げる。
3. ボウルにAを入れて混ぜ、大根おろしを加え、2、ベビーリーフをあえる。

(a)

(b)

メモ
豚肉は酒とマヨネーズを塗って10分おくことで、くさみが抜け、やわらかく仕上がります。そのまま冷蔵室で1日おいてもOK。ゆでる時は煮立たせないようにして、弱火で肉にやさしく火を通すと、しっとりと仕上がります。野菜は長いものせん切りや大和いも、トマトでも合います。

豚しゃぶで

41

水菜のごま酢あえ

材料（2〜3人分）
- 豚ロース薄切り肉（しゃぶしゃぶ用）
  …… 20枚（200g）
- 酒、マヨネーズ …… 各大さじ½
- 水菜 …… ½束
- A
  - 白すりごま …… 大さじ2
  - 酢、しょうゆ …… 各大さじ1
  - 砂糖 …… 小さじ½
  - にんにく（すりおろす）…… ⅓かけ

作り方
1. 豚肉は1枚ずつ広げて酒、マヨネーズを塗り、10分おく。塩少々（分量外）を加えた熱湯で弱火で2〜3枚ずつゆで、色が変わったらざるに上げる（40ページ参照）。水菜は3cm長さに切る。
2. ボウルにAを入れて混ぜ、豚肉、水菜を加えてあえる。

メモ　すりごまはたっぷり入れると、香ばしさが増し、ごまが水分を吸って、時間がたっても水っぽくならないのでおすすめ。お弁当にもいいですね。水菜のかわりに、クレソンやかいわれでもおいしく作れます。

豚しゃぶで

きのこの黒酢あえ

材料（2〜3人分）
- 豚ロース薄切り肉（しゃぶしゃぶ用）
  …… 20枚（200g）
- 酒、マヨネーズ …… 各大さじ1/2
- しめじ …… 1パック（100g）
- えのきだけ …… 1袋（100g）
- A
  - 黒酢 …… 大さじ1
  - ごま油、玉ねぎ（すりおろす）
    …… 各小さじ1
  - しょうゆ、砂糖 …… 各小さじ1/2
  - 塩 …… 小さじ1/3

作り方
1. 豚肉は1枚ずつ広げて酒、マヨネーズを塗り、10分おく。しめじとえのきは石づきを除き、食べやすくほぐす。塩少々（分量外）を加えた熱湯できのこを強火でさっとゆで、ざるに上げ、続けて豚肉を弱火で2〜3枚ずつゆで、色が変わったらざるに上げる（40ページ参照）。
2. ボウルにAを入れて混ぜ、豚肉、きのこを加えてあえる。

メモ：きのこのうまみがうつったゆで汁で豚肉をゆで、ぐっとおいしく。まいたけやエリンギなど、さっと火が通るきのこならOKです。黒酢は酸味がおだやかで、甘みとコクのある酢。炒めた肉の味つけに使っても。

黒酢

サラダチキンとかいわれの梅あえ

材料（2〜3人分）
鶏むね肉（皮を除く）……1枚（200g）
塩、砂糖……各小さじ½
A ｛ 白ワイン（または酒）……大さじ½
　　ローリエ（あれば）……1枚
かいわれ……1パック
B ｛ 梅干し（たたく）、オリーブ油……各大さじ1
　　しょうゆ、砂糖……各小さじ½

作り方
1 鶏肉は塩、砂糖をすり込み（a）、室温に1時間おく。
2 直径20cmくらいのフライパンに水1カップ、Aを煮立たせ、1を入れてふたをし、再び煮立ったら中火で3分ゆでる。火を止めて裏返し、ふたをしてそのまま冷まし（b）、手でさく。かいわれは根元を切り、長さを半分に切る。
3 ボウルにBを入れて混ぜ、鶏肉、かいわれを加えてあえる。

(a)

(b)

メモ サラダチキンは保存容器に入れて冷蔵保存し、日持ちは4〜5日。鶏肉は塩と砂糖をすり込むことで、鶏肉のうまみがしっかり感じられる味になります。塩と砂糖をまぶして冷蔵室で2〜3日おいたり、冷凍してもいいです。ただ、加熱する1時間前には冷蔵庫から出し、室温に戻して。これで、レシピの時間で中までしっかり火が入ります。

サラダチキンで

45

オクラのだしじょうゆあえ

材料(2〜3人分)
鶏むね肉(皮を除く)……1枚(200g)
塩、砂糖……各小さじ½
A ┃ 白ワイン(または酒)……大さじ½
　 ┃ ローリエ(あれば)……1枚
オクラ……10本
B ┃ しょうゆ……大さじ1
　 ┃ だし汁……大さじ3
　 ┃ 塩……少々
削り節……1パック(2g)

作り方
1 鶏肉は塩、砂糖をすり込み、室温に1時間おく。直径20cmくらいのフライパンに水1カップ、Aを煮立たせ、鶏肉を入れてふたをし、再び煮立ったら中火で3分ゆでる。火を止めて裏返し、ふたをして冷まし、1.5cm角に切る(44ページ参照)。
2 オクラはガクをくるりとむき、熱湯でさっとゆでてざるに上げ、1.5cm幅の斜め切りにする。
3 ボウルにBを入れて混ぜ、1、2、削り節を加えてあえる。

メモ　おひたしのようなサラダ。鶏肉とオクラを同じくらいの大きさに切ることで、オクラの粘りとだしじょうゆが全体にからみます。作ってしばらくおいてもおいしく、冷蔵室で2日ほどもちます。

サラダチキンで

春菊のコチュジャンあえ

材料（2〜3人分）
鶏むね肉（皮を除く）……1枚（200g）
塩、砂糖……各小さじ1/2
A ┌ 白ワイン（または酒）……大さじ1/2
  └ ローリエ（あれば）……1枚
春菊……1/2束
B ┌ コチュジャン、酢……各大さじ1
  │ しょうゆ、砂糖、白すりごま、ごま油
  │ ……各小さじ1
  │ 長ねぎ（みじん切り）……5cm
  └ にんにく（すりおろす）……1/2かけ

作り方
1 鶏肉は塩、砂糖をすり込み、室温に1時間おく。直径20cmくらいのフライパンに水1カップ、Aを煮立たせ、鶏肉を入れてふたをし、再び煮立ったら中火で3分ゆでる。火を止めて裏返し、ふたをして冷まし、細くさく（44ページ参照）。
2 春菊は葉をつみ、茎は斜め薄切りにする。
3 ボウルにBを入れて混ぜ、1、2を加えてあえる。

コチュジャン

メモ
みつばやせりなどの香りのある野菜や、水菜に青じそを合わせて作っても。コチュジャンは唐辛子を発酵させた辛いみそで、肉の下味に使ったり、肉や魚を煮ても。辛ければ、砂糖を大さじ1/2にふやして。

豚ロース肉とキャベツのしょうがじょうゆあえ

材料（2〜3人分）
豚ロース薄切り肉 …… 10枚（200g）
キャベツ …… 6枚
A ┌ しょうが（みじん切り）…… 1かけ
　├ しょうゆ …… 大さじ 1½
　└ 砂糖 …… 大さじ ½
ごま油 …… 大さじ 1

作り方
1. 豚肉は塩、こしょう各少々（分量外）をふり、キャベツは大きめにちぎる。
2. フライパンにごま油を熱し、豚肉を広げて入れ、強火で両面をこんがり焼いて取り出す（a）。続けてキャベツ、水大さじ3を入れ、ふたをして中火にかけ、しんなりしたら（b）水けをきる。
3. ボウルにAを入れて混ぜ、豚肉、キャベツを加えてあえる。

(a)

(b)

> メモ
> 豚肉のしょうが焼きに似ていますが、より軽やかな味わい。豚肉を焼いたあとのフライパンでキャベツを蒸し煮にして、肉のうまみをキャベツにうつします。みじん切りのしょうがの食感がアクセントに。野菜はきのこや青梗菜（チンゲンサイ）、せん切りのにんじんでも美味です。

豚ロース肉とにんにくの芽のテンメンジャンあえ

材料（2〜3人分）
豚ロース肉（しょうが焼き用）……6枚（200g）
にんにくの芽……1束
A ┌ テンメンジャン……小さじ2
　├ 酢……小さじ1
　└ しょうゆ、砂糖……各小さじ½
ごま油……大さじ½

作り方
1 豚肉は長さを半分に切り、塩、こしょう各少々（分量外）をふる。にんにくの芽は4〜5cm長さに切る。
2 フライパンにごま油を熱し、にんにくの芽を中火で2〜3分炒めて取り出す。続けて豚肉を入れ、強火で両面をこんがり焼く。
3 ボウルにAを入れて混ぜ、豚肉、にんにくの芽を加えてあえる。

メモ にんにくの芽に香りがあるので、香味野菜を入れなくてもパンチのある味に。酢を少し加えて、味を引きしめるのがコツです。仕上げに白髪ねぎをのせても。テンメンジャンはこっくりとした甘みそで、チンジャオロースーや麻婆豆腐、肉や魚のソースやあえだれに加えても。

テンメンジャン

ポークソテーとブロッコリーのハニーマスタードあえ

材料（2〜3人分）
豚ロース肉（とんかつ用）…… 2枚（200g）
ブロッコリー …… 1株
にんにく …… 1かけ
A ┌ 粒マスタード …… 大さじ1
　├ はちみつ …… 大さじ½
　├ しょうゆ …… 小さじ½
　└ 塩 …… 小さじ⅓
オリーブ油 …… 大さじ1

作り方
1 豚肉は塩、こしょう各少々をふり、小麦粉少々(すべて分量外)をまぶす。ブロッコリーは小房に分け、茎は皮をむいて1cm幅の輪切りに、にんにくはつぶす。
2 フライパンにオリーブ油を熱し、豚肉を中火で2〜3分焼き、裏返して脇ににんにく、ブロッコリーを加え、ふたをして2分蒸し焼きにする。豚肉は1.5cm幅に切る。
3 ボウルにAを入れて混ぜ、2を加えてあえる。

メモ　豚肉は小麦粉をつけてから焼くと、やわらかく香ばしくなり、メイン感がぐっとアップ。豚肉にふるこしょうは、多めがいいですね。にんにくはあとから加え、こがさないように気をつけます。

鶏もも肉とエリンギのレモンドレッシングあえ

材料（2〜3人分）
鶏もも肉 …… 大1枚（300g）
エリンギ …… 1パック（100g）
A ┌ レモン汁 …… 大さじ2
　│ はちみつ …… 大さじ1
　│ 玉ねぎ（すりおろす）…… 小さじ1
　│ 塩 …… 小さじ1/3
　└ こしょう …… 少々
オリーブ油 …… 小さじ1

作り方
1. 鶏肉は4cm角に切り、塩、こしょう各少々（分量外）をすり込む。エリンギは縦4等分に切り、長さを半分に切る。
2. フライパンにオリーブ油を熱し、鶏肉を皮目から入れ、フライ返しで押しつけながら強火で5〜6分焼く。パリッとしたら裏返し（a）、脇にエリンギを加えて中火で5〜6分焼く（b）。
3. ボウルにAを入れて混ぜ、2を脂ごと加えてあえる。

(a)

(b)

メモ　鶏肉を焼いた時に出る甘みのある脂で、エリンギをこんがり焼きつけ、肉のうまみをうつします。それをレモンの酸味がきいたドレッシングであえ、さわやかにまとめたひと皿。きのこはほかに、まいたけやマッシュルームを使ってもいいですね。

鶏もも肉とアスパラのピーナッツバターあえ

材料（2〜3人分）
鶏もも肉 …… 大1枚（300g）
グリーンアスパラ …… 6本
A ┌ ピーナッツバター（無糖）…… 大さじ2
　├ 砂糖、レモン汁 …… 各大さじ1
　├ ナンプラー …… 小さじ2
　├ 豆板醤 …… 小さじ1/2
　└ にんにく（みじん切り）…… 1/2かけ
オリーブ油 …… 大さじ1/2

作り方
1 鶏肉は縦半分に切って横2cm幅に切り、塩、こしょう各少々（分量外）をすり込む。アスパラは下の皮をピーラーでむき、5〜6cm幅の斜め切りにする。
2 フライパンにオリーブ油を熱し、鶏肉の皮目をフライ返しで押しつけながら強火で5〜6分焼く。裏返して脂をペーパーでふき、中火で2〜3分焼き、脇にアスパラを加えて2〜3分焼く。
3 ボウルにAを入れて混ぜ、2を加えてあえる。

ピーナッツバター

メモ　ピーナッツバターにナンプラーを加えた、エスニックな味わい。パンにはさんでもおいしい。ピーナッツバターは「スキッピー」（微糖）の場合、砂糖の量は加減して。いんげん、オクラ、ブロッコリーで作っても。

鶏もも肉ともやしの長ねぎあえ

材料（2〜3人分）
鶏もも肉……大 1 枚（300g）
A ｛ もやし……1 袋（200g）
　　塩……少々
　　水……大さじ 2
長ねぎ（5cm長さに切って芯はみじん切り、
　　　残りはせん切りにして水にさらす）……1/2 本
B ｛ 塩、しょうゆ……各小さじ 1/2
サラダ油……大さじ 1

作り方
1 鶏肉は塩、こしょう各少々（分量外）をすり込む。
2 フライパンにAを入れ、ふたをして強火にかけ、蒸気が出たら1分加熱してざるに上げる。フライパンをふき、サラダ油、長ねぎのみじん切りを弱火で炒め、香りが出たらボウルに移してBを混ぜる。続けて鶏肉の皮目をフライ返しで押しつけながら強火で5〜6分焼き、裏返して中火で5〜6分焼き、1cm幅に切る。
3 2のボウルに鶏肉、もやし、長ねぎのせん切りを加えてあえる。

メモ　長ねぎは芯の部分をみじん切りにして油で炒め、あえだれと合わせて香ばしく。まわりの白い部分はせん切り（白髪ねぎ）にして最後にあえ、生のねぎの香りも一緒に楽しみます。

鶏むね肉ときゅうりのごまだれあえ

材料（2〜3人分）
鶏むね肉（室温に30分おく）…… 1枚（200g）
A ┃ 長ねぎの青い部分、しょうがの皮、
　 ┃ 　塩 …… 各少々
きゅうり …… 2本
B ┃ 白練りごま …… 大さじ2
　 ┃ しょうゆ、酢 …… 各大さじ1
　 ┃ 砂糖、ラー油 …… 各小さじ1
　 ┃ にんにく、しょうが（ともにみじん切り）
　 ┃ 　…… 各1/2かけ

作り方
1 直径20cmくらいのフライパンに水2カップ、Aを煮立たせ、鶏肉を入れてふたをし、再び煮立ったら弱火で5分ゆでる。火を止めて10分おき、大きめにさく。
2 きゅうりは長さを4等分に切り、すりこ木でたたき割る。
3 ボウルにBを入れて混ぜ、1、2を加えてあえる。器に盛り、ラー油少々（分量外）をかける。

白練りごま

メモ

バンバンジー風のたれは、昔から配合を変えていないお気に入りのレシピ。長ねぎのみじん切りを足しても美味です。白練りごまは、豚肉と里いもでごま煮にしたり、めんつゆと合わせてごま汁にしても。

鶏むね肉とレタスのめんつゆとろろあえ

材料（2〜3人分）
鶏むね肉（室温に30分おく）……1枚（200g）
A ┃ 長ねぎの青い部分、しょうがの皮、
　┃ 　塩……各少々
サニーレタス……3枚
長いも……6cm（120g）
B ┃ めんつゆ（ストレート）……大さじ4
　┃ おろしわさび……小さじ1

作り方
1 直径20cmくらいのフライパンに水2カップ、Aを煮立たせ、鶏肉を入れてふたをし、再び煮立ったら弱火で5分ゆでる。火を止めて10分おき、薄切りにする。
2 サニーレタスは横1cm幅に切り、長いもは皮をむいてすりおろす。
3 ボウルにBを入れて混ぜ、長いもを加え、1、サニーレタスをあえる。

メモ　すりおろした長いものとろっとした粘りのおかげで、わさびが香るめんつゆだれが、鶏肉やレタスにしっかりからみます。つるりとした食感も、とっても楽しい。野菜は、ゆでたきのこや豆もやしで作ってもよく合います。

ささみとごぼうのゆずこしょうあえ

材料（2～3人分）
鶏ささみ……5本（200g）
ごぼう……1本
A ┃ 長ねぎの青い部分、しょうがの皮、
　┃ 　塩……各少々
B ┃ ゆずの絞り汁（または酢）……大さじ1
　┃ だし汁（または水）……大さじ3
　┃ ゆずこしょう、しょうゆ……各小さじ1
　┃ 砂糖……小さじ1/2

作り方
1　ごぼうはよく洗い、皮ごと長さを3～4等分に切る。
2　直径20cmくらいのフライパンに水2カップ、Aを煮立たせ、ささみを入れてふたをし、再び煮立ったら弱火で3分ゆでる。ささみを取り出してアルミホイルで包み、粗熱がとれたら手でさく。続けてごぼうを入れ、中火でふたをして15分ゆで、すりこ木でたたき割る。
3　ボウルにBを入れて混ぜ、ささみ、ごぼうを加えてあえる。

メモ　ささみはゆでたあとアルミホイルで包み、乾燥しないようにします。ごぼうはやわらかめにゆで、すりこ木でたたくと、味のなじみがよく、やさしい歯ざわりが心地いいです。

ささみとみつばのわさび漬けあえ

材料（2〜3人分）
- 鶏ささみ……5本（200g）
- しょうゆ、酒……各小さじ1/2
- みつば……1袋
- A
  - わさび漬け……大さじ2
  - だし汁（または水）……大さじ1
  - しょうゆ……小さじ1

作り方
1. ささみはしょうゆ、酒をもみ込み、魚焼きグリル（または焼き網の中火）でこんがり3〜4分焼き、手でさく。みつばは3cm長さに切る。
2. ボウルにAを入れて混ぜ、ささみ、みつばを加えてあえる。

 メモ
ささみは下味をつけて魚焼きグリルで香ばしく焼くと、うまみが増し、生のみつばとの相性も抜群。ここに、ピリッとしたわさび漬けをアクセントに加えます。わさび漬けはみそと混ぜ、肉に塗って巻いて焼いたり、かまぼことあえてもおいしいです。

わさび漬け

レバーと青梗菜(チンゲンサイ)の香味じょうゆあえ

材料（2〜3人分）
- 鶏レバー……200g
- しょうゆ、酒、しょうが汁……各大さじ½
- 青梗菜……2株
- A
  - 長ねぎ（粗みじん切り）……10cm
  - にんにく、しょうが（ともにみじん切り）……各1かけ
  - しょうゆ、酢……各大さじ1
  - はちみつ、ごま油……各小さじ1
- サラダ油……小さじ2

作り方

1. レバーは脂を除いてひと口大に切り、氷水に10分つけ（a）、手でふり混ぜて血合いや汚れを除く（b）。しょうゆ、酒、しょうが汁をからめ、15分おく。青梗菜は1枚ずつはがし、長さを半分に切り、茎は縦半分に切る。
2. フライパンに湯を沸かして塩少々（分量外）を加え、青梗菜を1〜2分ゆでてざるに上げる。続けてフライパンをふいてサラダ油を熱し、汁けをふいたレバーを中火で返しながらこんがり5〜6分焼く。
3. ボウルにAを入れて混ぜ、レバー、青梗菜を加えてあえる。

(a)

(b)

メモ　たっぷりの香味野菜がきいた油淋鶏（ユーリンチー）風のたれは、はちみつを入れることで、まったりと具材にからむように。レバーはこがさないように、でも香ばしく、しっかり焼くのがおいしさのポイントです。青梗菜（チンゲンサイ）のかわりに、焼いた長ねぎ、ゆでたアスパラ、れんこん、ごぼう、豆もやしで作るのもおすすめです。

砂肝とパプリカのガーリックあえ

材料（2～3人分）
砂肝……300g（正味200g）
パプリカ（赤、黄）……各1個
にんにく……2かけ
A ┌ 白ワインビネガー……小さじ1
  ├ 塩……小さじ1/2
  └ こしょう……少々
オリーブ油……大さじ2

作り方
1 砂肝は銀皮を薄くそぎ落とし（24ページ参照）、厚みを半分に切り、塩、こしょう各少々（分量外）をふる。パプリカは縦半分に切って種を除き、横に薄切りに、にんにくはみじん切りにする。
2 フライパンにオリーブ油、にんにくを入れて弱火にかけ、色づいたら砂肝を加え、中火でこんがり3～4分炒める。
3 ボウルにパプリカ、2を油ごと入れて混ぜ、Aを加えてあえる。

メモ　砂肝は、銀皮を下にしてそぎ落とすようにすると切りやすいです。たっぷりのにんにくと一緒に砂肝をこんがり炒めたら、アツアツを油ごとパプリカにかけると、少ししんなりしてあえやすくなります。ピーマン、クレソン、サラダほうれんそう、トマトでもおいしく作れます。

カリカリベーコンのポテトサラダ

材料（2〜3人分）
ベーコン（ブロック・1cm角の棒状に切る）……60g
A ┌ じゃがいも（6等分に切る）……2個(300g)
　└ にんじん（1cm角の棒状に切る）……1/2本
きゅうり（小口切り）……1本
玉ねぎ（薄切り）……1/4個
白ワインビネガー、オリーブ油
　……各大さじ1/2
B ┌ マヨネーズ……大さじ5
　└ フレンチマスタード……小さじ2
オリーブ油……大さじ1
塩、粗びき黒こしょう……各適量

作り方
1 きゅうりと玉ねぎは塩小さじ1/3をふってもみ、しんなりしたら洗って水けを絞る。
2 フライパンにA、かぶるくらいの水、塩少々を入れて火にかけ、煮立ったら強めの中火で15分ゆでる。湯を捨て、火にかけて水けをとばし、ボウルに移して白ワインビネガー、油を混ぜる。
3 フライパンにオリーブ油を熱し、ベーコンを中火でカリカリに炒め、2のボウルに脂ごと加えて混ぜる（少し残す）。冷めたらB、1を加えてあえ、器に盛ってベーコンをのせ、黒こしょうをふる。

メモ　じゃがいもが熱いうちに、白ワインビネガーとオリーブ油を混ぜるのがおいしさのコツ。ベーコンも、じゃがいもがまだ熱いうちに脂ごと加えると、コクが出てぐっとおいしくなります。

ひき肉とカリフラワーの山椒塩あえ

材料（2～3人分）
- 豚ひき肉 …… 200g
- 酒 …… 大さじ2
- しょうが（すりおろす）…… 1かけ
- カリフラワー …… 1株（正味500g）
- A
  - 酢、砂糖 …… 各小さじ1
  - 粉山椒、塩 …… 各小さじ1/2
- サラダ油 …… 大さじ1/2

作り方
1 カリフラワーは小房に分け、縦1cm幅に切り、サラダ油を熱したフライパンの強火で両面をこんがり焼き、取り出す。

2 火を止め、続けてひき肉、酒、しょうがを入れてよく混ぜ、中火にかけてパラパラにいりつける。

3 ボウルにAを入れて混ぜ、2、1を加えてあえる。器に盛り、粉山椒少々（分量外）をふる。

メモ ひき肉は、調味料を先に混ぜてから火にかけると、ふっくらと炒め上がります。カリフラワーは火が通りやすいように薄く切り、表面だけを焼きつけ、中まで火は通さなくてOK。粉山椒の香りと辛みが味を引きしめます。ブロッコリー、いんげん、もやしでもおいしく作れます。

粉山椒

ひき肉とアボカドのクミンあえ

材料（2〜3人分）
- 牛ひき肉 …… 200g
- 白ワイン（または酒）…… 大さじ2
- にんにく（すりおろす）…… 1かけ
- アボカド …… 1個
- クミンシード …… 小さじ1
- A
  - ポン酢じょうゆ …… 大さじ3
  - 粗びき黒こしょう …… 少々

作り方
1. アボカドは縦半分に切って種と皮を除き、1.5cm幅のくし形に切る。Aを合わせたボウルに加え、よく混ぜる。
2. フライパンにクミンを入れ、中火でからいりし、香りが出たら1に加える。火を止め、続けてひき肉、白ワイン、にんにくを入れてよく混ぜ、中火にかけてパラパラにいりつける。1に加えてあえる。

メモ アボカドは、切ったらポン酢じょうゆであえておくと、黒く変色しにくくなります。ポン酢をベースにクミンの香りをプラスした、奥深い味わい。ごはんにのせたり、パンにはさんでも、ゆでたじゃがいもやキャベツで作っても合います。クミンシードは、カレーの香りがする辛くない香辛料。きゅうり、トマト、キャベツ、そら豆のサラダに加えるのもおすすめ。

クミンシード

牛切り落とし肉とかぼちゃのヨーグルトあえ

材料（2～3人分）
牛切り落とし肉……200g
かぼちゃ……1/4個（350g）
玉ねぎ……1/4個
ウスターソース……大さじ1
塩、こしょう……各少々
A ┌ プレーンヨーグルト……1カップ
　 ├ 塩……小さじ1/2
　 └ こしょう……少々
オリーブ油……大さじ1/2

作り方
1　ヨーグルトはキッチンペーパーで包んでざるにのせ、ボウルなどの重しをのせて10分水きりする（a）。かぼちゃは種とワタを除き、皮をところどころむいて4cm角に、玉ねぎは薄切りにする。
2　フライパンにかぼちゃ、水1/2カップ、塩少々（分量外）を入れ、ふたをして火にかけ、煮立ったら中火で7～8分蒸し煮にして取り出す。
3　続けてオリーブ油を熱し、玉ねぎを中火で炒め、しんなりしたら牛肉を強火で炒め、色が変わったらソース、塩、こしょうを加えていりつける（b）。
4　ボウルにAを入れて混ぜ、3、2を加えてあえる。

(a)

(b)

> メモ
> 相性のいい牛肉とかぼちゃ、かぼちゃとヨーグルトをすべて合わせました。ヨーグルトは重しをのせることで、短時間でしっかり水きりするのがポイント。牛肉にウスターソースをからめると、うまみが加わり、かぼちゃの甘みもほどよく引きしまります。

3章
Chapter 3

魚の
和えサラダ

まぐろは漬けにして、あじは酢でしめ、鯛は昆布じめに。
魚介は、そのものがおいしく食べられるくらいに
少し下ごしらえをし、それから野菜とあえると、
ぐんとおいしいサラダになります。
合わせる野菜は、軽やかな味わいのアスパラやスプラウトのほか、
青じそ、みょうが、クレソンなど香りのあるものがおすすめ。
きゅうり、セロリ、長いも、たくあんなどの
食感がいいものと組み合わせると、
歯あたりがやわらかな魚介の中でアクセントになります。
ごはんはもちろん、おつまみにもぴったりのひと皿です。

漬けまぐろと長いもあえ

材料（2～3人分）
まぐろの刺身（赤身）……1さく（150g）
A ┃ しょうゆ……大さじ1
　┃ 酒、おろしわさび……各小さじ1
　┃ 砂糖……小さじ1/2
長いも……10cm（200g）
万能ねぎ……4本

作り方
1 まぐろは1.5cm角に切り、Aを合わせたボウルに加えて混ぜ、5分おく。
2 長いもは皮をむいて1cm角に、万能ねぎは斜め薄切りにする。1のボウルに加えてあえる。

メモ　まぐろと長いもは小さめの角切りにして、からみをよくし、食べやすくします。漬けだれの酒は、お子さんが食べる場合は、一度煮立たせるか、なしにしても。まぐろはサーモン、はまち、あじの刺身でもいいし、長いものかわりに、納豆やめかぶ、オクラなども合います。白いごはんにのせて食べても美味です。

たこときゅうりのナムル

材料（2～3人分）
ゆでだこの足 …… 1本（100g）
きゅうり …… 2本
みょうが …… 2個
A ┏ ごま油 …… 小さじ2
  ┃ 塩 …… 小さじ 1/3
  ┗ にんにく（すりおろす）…… 1/2 かけ
白すりごま …… 小さじ1

作り方
1 たこは薄切りに、きゅうりは細長い乱切りにする。みょうがは縦半分に切り、斜め薄切りにする。
2 ボウルにAを入れて混ぜ、たこ、きゅうり、みょうがを加えてあえる。器に盛り、すりごまをふる。

メモ　ナムルは塩、ごま油、にんにくで味つけするだけの、素材の味が引き立つ簡単あえもののひとつ。たこは薄く切ったほうが、他の素材とのバランスがよくておいしいです。いかや蒸した鶏肉で作ったり、野菜をかいわれ、長いも、クレソンにしても合います。

あじとたくあんの甘酢あえ

材料（2〜3人分）

- あじの刺身（三枚におろしたもの）
  - …… 2尾分（150g）
- 酢 …… 大さじ2
- たくあん …… 10cm
- きゅうり …… 1本
- 青じそ …… 5枚
- A
  - 酢 …… 大さじ1/2
  - しょうゆ …… 小さじ1
  - 砂糖 …… 小さじ1/2
- 塩、金いりごま（または白いりごま）…… 各適量

作り方

1. あじは水1カップ、塩小さじ1を混ぜたものに30分つけ、取り出して酢をからめて5分おく。汁けをふき、中骨と皮を除いて5mm幅の斜め切りにする。
2. たくあんは斜め薄切りにして細切りにし、塩けが少し残るまで水につける。きゅうりは縦4等分に切って種を除き、5cm長さの短冊切りにして塩ふたつまみをまぶし、しんなりしたら水けを絞る。青じそはせん切りにする。
3. ボウルにAを入れて混ぜ、1、2を加えてあえる。器に盛り、いりごまをふる。

メモ　パリパリと食感がいい、たくあんの切り方がポイント。たくあんは塩分を抜きすぎると味がぼやけるので、食べてみて塩けが少し残るくらいに。ごまをどっさり入れたり、のりで包んで食べても。

しめさばとスプラウトのわさびじょうゆあえ

材料（2～3人分）
しめさば……1枚（120g）
ブロッコリースプラウト……1パック
青じそ……10枚
みょうが……2個
A ┌ おろしわさび
　│　　……小さじ1～大さじ½
　│ しょうゆ、だし汁（または水）
　└　　……各小さじ1

作り方
1　しめさばは5mm幅に切り、スプラウトは根元を切る。青じそは細切りに、みょうがは縦半分に切って縦3～4mm幅に切る。
2　ボウルにAを入れて混ぜ、1を加えてあえる。

メモ　しめさばを香味野菜とわさびで食べるのが好きで、うちでもよく作る料理です。しめさばは、市販のものを使って手軽に。今回はスプラウト、青じそ、みょうがを合わせましたが、スプラウトのかわりにかいわれで作ってもOKです。

鯛の昆布じめとクレソンのレモンあえ

材料（2〜3人分）
鯛の刺身 …… 1さく（150g）
｛ 昆布 …… 4×10cmのもの 4枚
　 酒 …… 小さじ2
クレソン …… 1束
A ｛ レモン汁 …… 小さじ2
　　 ごま油 …… 小さじ 1/2
　　 塩 …… 小さじ 1/4

作り方
1 昆布は水にくぐらせて10分おき、片面に酒を塗る（a）。鯛はそぎ切りにし、昆布2枚に並べ、残りの昆布を酒を塗った面を下にしてのせ（b）、ラップでぴったり包んで冷蔵室で30分〜ひと晩おく。
2 クレソンは葉をつみ、茎は1cm幅の小口切りにする。
3 ボウルにAを入れて混ぜ、1、2を加えてあえる。

(a)

(b)

メモ　昆布じめした鯛は、時間がたつと塩分が入ってかたくなるので、おくのは長くてもひと晩くらいまでにします。使い終わった昆布は、洗って水で戻してから、炒めものや煮ものに利用して。クレソン以外に、かいわれ、みつば、ルッコラなどの香りのある野菜で作ってもおいしいです。

ゆでえびとスナップえんどうのゆずこしょうあえ

材料（2～3人分）
ボイルえび……15尾（200g）
スナップえんどう……12本
半熟ゆで卵……2個＊
A ┌ オリーブ油……小さじ2
　│ 酢……小さじ1
　│ ゆずこしょう……小さじ1/2
　└ しょうゆ……小さじ1/3

＊冷蔵庫から出したての卵を水に入れて火にかけ、煮立ってから6分ゆでる

作り方
1 スナップえんどうは筋を除き、塩少々（分量外）を加えた熱湯で3～4分ゆでてざるに上げ、粗熱がとれたら縦半分に割る。
2 えびは尾と1節を残して殻をむき、ゆで卵は縦4等分に切る。
3 ボウルにAを入れて混ぜ、2、1を加えてあえる。

メモ　ゆずこしょうとマヨネーズであえてもおいしいひと皿。スナップえんどうは、少しやわらかめにゆでるのがポイントです。かわりにアスパラ、プチトマト、トマト、キャベツなど、甘みのある野菜を合わせると、相性がいいと思います。

えびとマッシュルームの七味あえ

材料（2〜3人分）
殻つきえび（ブラックタイガーなど）
　……12尾（240g）
マッシュルーム……1パック（100g）
A ｜ マヨネーズ……大さじ1
　｜ 七味唐辛子、塩、しょうゆ
　｜ 　……各小さじ1/3
マヨネーズ……大さじ1

作り方
1 えびは殻をむき、背に切り込みを入れて背ワタを除く。
2 フライパンにマヨネーズを熱し、半分溶けたら1を弱めの中火で炒め、色が変わったらマッシュルームを加えてふたをし、時々返しながら3〜4分炒める。ふたをとり、火を強めて汁けをとばす。
3 ボウルにAを入れて混ぜ、2を加えてあえる。器に盛り、七味唐辛子少々（分量外）をふる。

メモ　マヨネーズと好相性の七味を使って、マヨネーズで炒めてさらにマヨネーズであえた、アタリメのような味わいのサラダです。きのこはマッシュルームのほか、しめじやエリンギなど、炒めても形がしっかり残るものがおすすめです。

ほたてとセロリの粒マスタードあえ

材料（2〜3人分）
- ほたて貝柱（刺身用）……6個（150g）
- しょうゆ、酒……各小さじ 1/2
- セロリ……1本
- A
  - 粒マスタード、レモン汁……各小さじ2
  - 塩……小さじ 1/3
- サラダ油……少々

作り方
1. ほたてはしょうゆ、酒をからめ、サラダ油を熱したフライパンの強火で両面をさっと焼き、粗熱がとれたら手で4等分に割る。
2. セロリはあれば筋を除き、斜め薄切りにする。
3. ボウルにAを入れて混ぜ、1、2を加えてあえる。

メモ しょうゆで下味をつけたほたてを強火でこんがり焼くと、香ばしくなって、とびきりのおいしさ。ほたては刺身用を使い、中まで火を通さず、やわらかく仕上げるのがコツです。たれは甘みのないものにしましたが、塩と同量の砂糖を加えると、やさしい味わいになります。

いかとアスパラのくるみあえ

材料（2〜3人分）
いかの胴（紋甲いかなど）……1枚（150g）
グリーンアスパラ……6本
くるみ……1/2カップ（40g）
A ┃ 砂糖……小さじ1
　┃ しょうゆ……小さじ1/2
　┃ 酢、塩……各小さじ1/3
　┃ 水……大さじ1

作り方
1 いかは表面に斜め格子状の切り込みを入れ、4cm角に切り、酒、こしょう各少々（分量外）をもみ込む。アスパラは下の皮をピーラーでむき、4cm長さに切る。くるみはフライパンでからいりする。
2 鍋に湯を沸かして塩少々（分量外）を加え、アスパラを1〜2分ゆでてざるに上げる。続けていかを入れ、色が変わって切り込みが開いたらざるに上げる。
3 すり鉢にくるみを入れてすり、Aを順にすり混ぜ、いか、アスパラを加えてあえる。

メモ あえごろもに少しの酢を加えて味をしめ、いかの生ぐささを抑えます。どんな素材と合わせてもおいしい、くるみ入りのこのあえごろも。ゆでたえびやささみ、こんにゃくのほか、ほうれんそう、いんげん、春菊をあえても美味です。

焼き鮭とじゃがいものみそくるみあえ

材料（2〜3人分）
- 甘塩鮭の切り身 …… 2枚（160g）
- 白ワイン（または酒）…… 小さじ1
- じゃがいも …… 小10個（400g）
- A
  - くるみ …… 1/4カップ（20g）
  - みそ、マヨネーズ …… 各小さじ2
  - レモン汁、玉ねぎ（すりおろす）…… 各小さじ1
- オリーブ油 …… 大さじ1

作り方
1 鮭は長さを半分に切り、白ワインをからめる（a）。じゃがいもはよく洗って皮ごと半分に切り、さっと洗う。くるみはフライパンでからいりし、粗く刻む。
2 フライパンにオリーブ油を熱し、じゃがいもを中火で炒め、油が回ったらふたをして15分蒸し焼きにする。脇に鮭を加えてふたをし、時々返しながらこんがり3〜4分焼き（b）、鮭は皮と骨を除いてざっくりほぐす。
3 ボウルにA（くるみは少し残す）を入れて混ぜ、鮭、じゃがいもを加えてあえる。器に盛り、くるみを散らす。

(a)

(b)

メモ

じゃがいもはしっかり焼きつけ、脇で鮭を一緒に焼くことで、そのうまみを吸わせます。あえごろもにおろし玉ねぎを加え、香りをプラスするのがポイント。じゃがいもは新じゃがなど小ぶりのものがおすすめですが、普通のじゃがいもなら、4つ割りや8つ割りにして。コロコロっとした形に切ると、かわいらしく、おいしいと思います。

4章
Chapter 4

豆腐・大豆・大豆製品・海藻の和えサラダ

良質なたんぱく質、ミネラル、ビタミンを含む豆腐や大豆製品は、
毎日食べたい食材のひとつ。淡泊だけれどうまみがあって、
あえだれ次第で、いろんな味わいの和えサラダが作れます。
豆腐は冷たくても温かくてもおいしい、懐の深さがうれしく、
油揚げはカリカリに焼くことで、どんな野菜とも相性抜群に。
大好きなひたし豆は、ゆでた青大豆をだし汁につけたもの。
豆自体の甘みが引き立つよう、薄味に仕上げているので、
ぜひストックして、いろいろなたれと合わせてみて。
海藻はベーコンや桜えびなど、コクのあるものと組み合わせると、
もりもりっとたくさん食べられますよ。

豆腐ときのこのオイスターソースあえ

材料（2〜3人分）
木綿豆腐……1丁（300g）
しめじ……1パック（100g）
まいたけ……1パック（100g）
A ┃ オイスターソース……大さじ1
　 ┃ しょうゆ、ごま油……各小さじ1
　 ┃ にんにく（すりおろす）……1/2かけ
粗びき黒こしょう……少々

作り方
1 しめじとまいたけは石づきを除き、食べやすくほぐす。
2 鍋に湯を沸かして塩、サラダ油各少々（分量外）を加え、1を中火で1分ゆでてざるに上げる。続けて豆腐を大きめにちぎって入れて2〜3分ゆで、きのことともにキッチンペーパーにのせて押して水けをきる。
3 ボウルにAを入れて混ぜ、2を加えてあえる。器に盛り、黒こしょうをふる。

メモ　さっと作れるので、普段のおかずにぴったり。きのこを先にゆで、うまみたっぷりのそのゆで汁で豆腐をゆでるのがコツです。オイスターソースであえれば、あっさりしつつも、コク深い味わいに。きのこのほか、ほうれんそうで作るのもおすすめです。

豆腐と水菜のしらすごま油あえ

材料（2～3人分）
木綿豆腐……1丁（300g）
水菜……1/2束
しらす……大さじ3
A ┃ 塩麹（こうじ）……小さじ2
　 ┃ ごま油……小さじ1

作り方
1 豆腐はキッチンペーパーで包んで10分おき、水菜は3cm長さに切る。
2 ボウルにAを入れて混ぜ、しらす、ざっくりくずした豆腐、水菜を加えてあえる。

メモ　しらす、塩麹、ごま油だけでシンプルに味つけするので、素材の味が楽しめ、たくさん食べられる和えサラダです。しらすのかわりに桜えびを使ったり、水菜のかわりにかいわれ、スプラウト、クレソンで作っても合います。

カリカリ油揚げとベビーリーフの納豆あえ

材料（2～3人分）
油揚げ……2枚
ベビーリーフ……1パック
A ┌ 納豆……1パック（40g）
  │ 長ねぎ（みじん切り）……3cm
  │ 酢……小さじ2
  │ しょうゆ、ごま油……各小さじ1
  └ 砂糖……小さじ½
サラダ油……大さじ2

作り方
1 油揚げは短い辺を半分に切って細切りにし、サラダ油を熱したフライパンの強めの中火でカリカリに焼き、キッチンペーパーにのせて油をきる。
2 ボウルにAを入れて混ぜ、1、ベビーリーフを加えてあえる。

メモ ごはんにのせて食べてもおいしいおかずです。油揚げは油で香ばしく焼いてコクを出し、食べる直前にあえると、カリカリッとした食感が楽しめます。軽く仕上げるなら、油なしでからいりしても。この納豆だれは、レタスやトマト、豆腐にかけるのも気に入っています。

厚揚げとゴーヤのねぎおかかあえ

材料（2～3人分）
厚揚げ……小 2 枚（220g）
ゴーヤ……1 本
万能ねぎ（小口切り）……4 本
削り節……2 パック（4g）
A ┤ 塩、砂糖、しょうゆ
　　……各小さじ 1/2
ごま油……大さじ 1/2

作り方
1. ゴーヤは縦半分に切り、種とワタを除いて薄切りにし、塩小さじ 1（分量外）をまぶして 10 分おき、洗って水けを絞る。
2. 厚揚げはキッチンペーパーで水けをふき、熱したフライパンに入れ、中火でふたをして両面をこんがり焼き、アツアツにして取り出す。続けてごま油を熱し、ゴーヤを強火で炒めてアツアツにする。
3. ボウルに A を入れて混ぜ、大きめにちぎった厚揚げ、ゴーヤ、万能ねぎ、削り節を加えてあえる。

メモ　ゴーヤチャンプルーのあえもの版。厚揚げとゴーヤは、それぞれフライパンで焼いて中までアツアツにするだけ。炒め合わせる手間がないので、手軽に作れます。厚揚げは手で大きくちぎり、あえごろもがからみやすく。にんじん、もやし、キャベツで作ってもおいしいです。

ひたし豆とれんこんのからし酢じょうゆあえ

材料（2～3人分）
ひたし豆……1/2カップ分
れんこん……1節（150g）
A ┃ しょうゆ……大さじ1/2
　 ┃ 酢、練りがらし……各小さじ1

作り方
1　れんこんは皮をむいて3～4mm幅のいちょう切りにし、さっと洗い、塩少々（分量外）を加えた熱湯で3～4分ゆで、ざるに上げる。
2　ボウルにAを入れて混ぜ、ひたし豆、1を加えてあえる。

ひたし豆の作り方
（作りやすい分量／約3カップ分）

材料
青大豆……1袋（200g）
A ┃ だし汁……1 1/2カップ
　 ┃ 塩、しょうゆ……各小さじ1

作り方
1　豆は洗い、3カップ（豆の3倍）の水に6～8時間つけて戻す(a)。
2　1をひたした水ごと鍋に入れて中火にかけ、泡が出てきたら除き(b)、弱火でふたをして好みのかたさに40～60分ゆで、ざるに上げる。
3　鍋にAを煮立たせて2を加え、再び煮立ったらそのまま冷ます。

(a)

(b)

青大豆

メモ　ひたし豆は保存容器に入れて冷蔵保存し、日持ちは4～5日。この料理のれんこんは、少しやわらかめにゆでるのがポイント。オクラやブロッコリー、キャベツや菜の花で作っても美味です。青大豆は大豆よりも脂肪分が少なく、風味がよくて甘みのある豆。ゆでただけでもおいしく、サラダのトッピングにしたり、白米と合わせて炊いても。ひたし豆は、白あえにしてもいいですね。

ゆで大豆とズッキーニのスパイスあえ

材料（2～3人分）
ゆで大豆 —— 1/2 カップ（60g）
ズッキーニ —— 1 本
プチトマト —— 10 個
A ┃ 白ワインビネガー —— 小さじ 2
　 ┃ クミンパウダー —— 小さじ 1/2
　 ┃ 塩、粗びき黒こしょう
　 ┃ 　　—— 各小さじ 1/3
　 ┃ にんにく（すりおろす）—— 1/2 かけ
オリーブ油 —— 小さじ 2

作り方
1 ズッキーニは縦 4 等分に切って 1cm幅に切り、オリーブ油を熱したフライパンの強火で表面をこんがり焼く。プチトマトはヘタを除き、縦 4 等分に切る。
2 ボウルに A を入れて混ぜ、大豆、プチトマト、ズッキーニを油ごと加えてあえる。

クミンパウダー

メモ　ズッキーニは表面だけを焼き、香ばしさを出すのがコツ。スパイス入りのドレッシングは夏野菜にぴったりで、なす、きゅうり、パプリカなどで作っても。クミンパウダーは、カレーの香りがする辛くないスパイス。トマト煮込みやハンバーグに使ったり、ヨーグルトに加えて、きゅうりのサラダのドレッシングにしても。

こんにゃくとアボカドの香味あえ

材料（2〜3人分）
刺身こんにゃく（またはこんにゃく）
　……1袋（100g）
アボカド……1個
きゅうり……1本
A ┃ 万能ねぎ（小口切り）……3本
　┃ にんにく（みじん切り）……½かけ
　┃ しょうゆ、酢、ごま油……各小さじ1
　┃ 砂糖……小さじ½
　┃ 塩……小さじ¼

作り方
1　こんにゃくはキッチンペーパーで水けをふく。
2　アボカドは縦半分に切って種と皮を除き、5mm幅に切る。きゅうりは縦半分に切って種を除き、斜め薄切りにする。
3　ボウルにAを入れて混ぜ、2、1を加えてあえる。

刺身こんにゃく

メモ　つるんとやわらかな食感が魅力の刺身こんにゃくは、低カロリーで食物繊維もたっぷり。アボカドなどのコクのある素材や、豆、香味野菜とも好相性の食材です。普通のこんにゃくを使う場合は、塩少々をまぶしてもんでから薄切りにし、さっとゆでて使うと、くさみがとれてぐんと食べやすくなります。

わかめとベーコンの甘酢あえ

材料（2〜3人分）
塩蔵わかめ……30g
セロリ……2本
ベーコン……4枚
A ┌ 酢……大さじ2
　├ 砂糖……大さじ1
　└ 塩……小さじ1/3

作り方
1 わかめは洗って水に5分つけて戻し、水けを絞ってひと口大に切る。セロリはあれば筋を除いて4cm長さの短冊切りにし、塩少々（分量外）をまぶし、しんなりしたら洗って水けを絞る。
2 ベーコンは細切りにし、熱湯でさっとゆでてざるに上げる。
3 ボウルにAを入れて混ぜ、2、1を加えてあえる。

メモ

シンプルな甘酢あえです。コク出しにベーコンを加えました。セロリは塩もみして少ししんなりさせると、他の素材となじみがよくなります。わかめはひじきやめかぶ、もずくにしても美味。セロリのかわりに、きゅうりを加えるのもおすすめです。

わかめと桜えびのごま油あえ

材料（2〜3人分）
塩蔵わかめ……30g
桜えび……1/2 カップ（15g）
みょうが……2 個
A ｛ ごま油……小さじ 2
　　塩……小さじ 1/4

作り方
1. わかめは洗って水に5分つけて戻し、水けを絞ってひと口大に切る。みょうがは小口切りにする。
2. 桜えびは、フライパンの弱火でカリカリにからいりする。
3. ボウルにA、1を入れてあえ、2を加えてさっと混ぜる。

メモ　桜えびをからいりし、カリカリにするのが味のポイント。桜えびの塩分、うまみ、香ばしさでいただきます。わかめはひじき、めかぶにかえて作っても。みょうがのかわりに、青じそやしょうがを加えてもおいしいです。

5章
Chapter 5

卵の
和えサラダ

ゆで卵、ポーチドエッグ、揚げ卵——。
卵は調理のしかたや、加熱する時間によって、
まったく違った味わいが楽しめます。
ゆで卵は、固ゆでなら卵そのものが味わえる具材として重宝するし、
半熟ゆで卵は、黄身がとろりとからんでソースにもなり、
合わせる野菜に濃厚なコクを加えてくれます。
ポーチドエッグは、3～4分ゆでるだけで作れるのがうれしいところ。
これも加熱時間を加減して、好みのかたさにすることができます。
揚げ卵は、油が入るのでぐっと香ばしい仕上がりに。
カリッと揚げ焼きして野菜とあえれば、満足感のあるおかずになります。

ゆで卵といんげんのクリームチーズあえ

材料（2～3人分）
卵……2個
いんげん……2袋（200g）
A ｜ クリームチーズ（室温に戻す）……40g
　｜ マヨネーズ、牛乳……各大さじ1
　｜ 玉ねぎ（すりおろす）……小さじ1
　｜ 塩、しょうゆ……各小さじ1/3
　｜ こしょう……少々

作り方
1 卵は室温に戻し、沸騰した湯に入れ（a）、再び煮立ったら中火で13分ゆでる。冷水にとってしっかり冷まし（b）、殻をむいて縦半分に切る。
2 いんげんはヘタを除き、塩少々（分量外）を加えた熱湯で3分ゆでてざるに上げ、長さを3等分に切る。
3 ボウルにAを入れて混ぜ、1、2を加えてあえる。

(a)

(b)

メモ ゆで卵をレシピの時間できっちり作るには、①卵は室温に戻す②沸騰した湯に入れる③再び煮立ってから時間をはかる④冷水でしっかり冷ます、のが大切。卵は13分ゆでると固ゆでで、7～9分だと、黄身のかたさが違う半熟卵になります。クリームチーズ入りのこのあえごろもは大好きで、ゆでたじゃがいもやキャベツ、卵とじゃがいもにからめてもおいしいです。

ゆで卵で

きゅうりとディルのフレンチドレッシングあえ

材料（2〜3人分）
卵……3個
きゅうり……2本
ディル（生）……6枝
A ┃ オリーブ油……大さじ1
　 ┃ 白ワインビネガー……小さじ2
　 ┃ 塩、フレンチマスタード
　 ┃ 　……各小さじ1/3

作り方
1　卵は室温に戻して熱湯に入れ、再び煮立ったら中火で7分ゆで、冷水にとって殻をむき、手で半分に割る（96ページ参照）。
2　きゅうりはフォークで皮目に縦に線を入れ、7〜8mm幅の小口切りにする。ディルは葉をつむ。
3　ボウルにAを入れて混ぜ、1、2を加えてあえる。

メモ　きゅうりはドレッシングがよくからむよう、フォークで皮目に傷をつけて。きゅうりのほか、ゆでじゃがいもやかぼちゃ、クレソンで作っても合います。パンにはさんで食べるのもおすすめ。私も大好きな、さわやかな香りが特徴のディルは、魚に合うハーブとしておなじみ。ゆでじゃがいもとあえたり、魚介のマリネに加えても。

ディル

ゆで卵で

さつまいもとじゃがいものにんにくあえ

材料（2〜3人分）
卵……2個
さつまいも……1本（250g）
じゃがいも……1個（150g）
にんにく（薄切り）……2かけ
A ┌ 白ワインビネガー……大さじ1
　├ 塩……小さじ1/2
　└ こしょう……少々
オリーブ油……大さじ1 1/2

作り方
1 卵は室温に戻して熱湯に入れ、再び煮立ったら中火で9分ゆで、冷水にとって殻をむき、縦4等分に切って横半分に切る（96ページ参照）。
2 さつまいもとじゃがいもは皮ごと1cm幅の輪切りにし、じゃがいもはさっと洗う。フライパンにかぶるくらいの水、塩少々（分量外）とともに入れて火にかけ、強めの中火で15分ゆでてざるに上げる。フライパンをふいてオリーブ油、にんにくを入れて弱火にかけ、にんにくが薄く色づいたらペーパーにのせて油をきる。
3 ボウルにA、2の油を入れて混ぜ、いも、1、にんにくを加えてあえる。

メモ
マヨネーズであえずに、にんにくチップがおいしさの決めて。にんにくを炒めた油も加え、コクをアップさせます。さつまいもとじゃがいもは、ゆでたら熱いうちにドレッシングを混ぜると、味がしっかりなじんで美味です。

ポーチドエッグのシーザーサラダ

材料(2〜3人分)
卵 …… 2個
A ｛ 酢 …… 大さじ3
　　塩 …… 小さじ1
ロメインレタス …… 8枚
B ｛ 粉チーズ、オリーブ油 …… 各大さじ1
　　レモン汁 …… 小さじ2
　　塩 …… 小さじ1/4
　　にんにく(すりおろす) …… 1/2かけ
　　こしょう …… 少々

作り方

1　カップに卵1個を割り入れる。直径18cmくらいの鍋に水4カップ、Aを煮立たせ、木ベラでかき混ぜてまん中に渦を作り、弱めの中火にして卵を静かに入れる(a)。卵白が広がったら菜箸でまとめて(b) 3〜4分ゆで、キッチンペーパーにのせて湯をきる。もう1個も同様に作る。
2　レタスは食べやすくちぎる。
3　ボウルにBを入れて混ぜ、2、1の半量を加えてあえる。器に盛り、残りの1をのせ、粉チーズ、粗びき黒こしょう各適量(分量外)をふる。

(a)

(b)

メモ
ゆで卵や目玉焼きとはまた違って、ふんわり、とろりとした舌ざわりがおいしいポーチドエッグ。上手に作るには、木ベラで混ぜて渦を作った熱湯のまん中に、卵をそーっと入れ、グツグツ煮立てずに、弱めの中火で加熱すること。卵がふんわり浮いてくるまでいじらないのがポイントです。必ず1個分ずつ作るのも大切。酢は、卵を固める役割があるので忘れずに入れて。ロメインレタスのかわりに、サニーレタスで作ってもいいですよ。

ポーチドエッグで

揚げなすのしょうがじょうゆあえ

材料（2〜3人分）
卵……2個
A ┌ 酢……大さじ3
　└ 塩……小さじ1
なす……3本
B ┌ しょうが（みじん切り）……1かけ
　├ 削り節……1パック（2g）
　└ しょうゆ……大さじ1
サラダ油……適量

作り方
1. 直径18cmくらいの鍋に水4カップ、Aを煮立たせ、カップに入れた卵1個を入れて弱めの中火で3〜4分ゆで、ペーパーにのせて湯をきる（100ページ参照）。もう1個も同様に作る。
2. なすは縦半分に切り、皮目に斜め格子状の切り込みを入れ、斜め半分に切る。サラダ油を1cm熱したフライパンの強火で両面をこんがり揚げ焼きにし、キッチンペーパーにのせて押して油をきる。
3. ボウルにBを入れて混ぜ、2、半分に割った1を加えてあえる。

メモ　揚げなすに卵を加えて、ボリュームアップ。簡単に作れてごはんがすすむ、おかずサラダです。なすは強火で揚げ焼きにすると、油を吸いすぎません。ピーマン、パプリカ、ゴーヤで作っても。

ポーチドエッグで

ほうれんそうの塩ポンあえ

材料（2～3人分）
卵……2個
A ｛ 酢……大さじ3
　　塩……小さじ1
ほうれんそう……1束
B ｛ ゆずの絞り汁（またはレモン汁）、
　　 だし汁……各大さじ1
　　 塩……小さじ1/2

作り方
1. 直径18cmくらいの鍋に水4カップ、Aを煮立たせ、カップに入れた卵1個を入れて弱めの中火で3～4分ゆで、ペーパーにのせて湯をきる（100ページ参照）。もう1個も同様に作る。
2. ほうれんそうは5cm長さに切り、サラダ油、塩各少々（分量外）を加えた熱湯で1～2分ゆで、ざるに上げて水けを絞る。
3. ボウルにBを入れて混ぜ、2を加えてあえる。器に盛り、1を半分に割ってのせる。

メモ　ほうれんそうは油と塩を少し加えてゆでると、コクとボリューム感が出ます。これは朝食にもおすすめ。前の晩に、ポーチドエッグだけ作っておいてもいいですね。ほうれんそう以外に、青梗菜（チンゲンサイ）、ブロッコリー、アスパラで作っても。

揚げ卵と春菊のピリ辛ねぎあえ

材料（2〜3人分）
卵 …… 2個
春菊 …… 小1束（200g）
長ねぎ …… ½本
A ｛ 酢 …… 大さじ1
　　しょうゆ、砂糖 …… 各小さじ2
　　豆板醤 …… 小さじ½
サラダ油 …… 適量

作り方

1. カップに卵1個を割り入れる。直径20cmくらいのフライパンにサラダ油を5mm熱し、火からおろして向こうに傾け、卵を静かに入れる（a）。再び中火にかけ（油がはねるので注意）、こんがり1分30秒揚げ焼きにし（b）、裏返して30秒揚げ焼きにし、キッチンペーパーにのせて油をきる。もう1個も同様に作り、1cm幅に切る。
2. 春菊は葉をつみ、茎は斜め薄切りにする。長ねぎは4cm長さに切って縦に切り目を入れ、黄色い芯はみじん切り、白い部分はせん切りにして水にさらす。
3. ボウルにAを入れて混ぜ、2、1を加えてあえる。

(a)

(b)

メモ
ガパオライスにのせることでもおなじみの揚げ卵は、甘辛い味やエスニック系の料理と相性抜群。フライパンを熱したら一度火からおろし、斜めにして油を集め、そこに卵をそっと入れると、少ない油でも上手に作れます。卵が入ると油がはねるので、ふたをしてガードして。野菜は、豆苗（トウミョウ）やかいわれでも。揚げ卵はごはんにのせたり、サンドイッチにもどうぞ。

揚げ卵で

6章
Chapter 6

乾物の
和えサラダ

切り干し大根やひじきなどの乾物は、長期間保存がきくだけでなく、
カルシウムや食物繊維、ビタミンなどが豊富な台所のお助け食材。
切り干し大根は、あえものにするとシャキシャキした食感が魅力で、
うまみを逃さぬよう、ひたひたの水で戻すのがコツ。
ひじきは戻したあと、軽くゆでて磯くささを除くと、
洋風や中華風の味つけにもよく合います。
マカロニやスパゲッティは、気持ちやわらかめにゆでるのが大切。
冷めてもかたくならず、しっとりとおいしく食べられます。
春雨は熱湯につけるのではなく、さっとゆでて食感をよくして。
この下ごしらえで、ぐっとおいしく生まれ変わります。

切り干し大根と豚肉のゆずこしょうあえ

材料（2〜3人分）
切り干し大根（乾燥）…… 30g
豚ロース薄切り肉（しゃぶしゃぶ用）…… 20枚（200g）
A ┌ しょうゆ …… 大さじ1
　├ だし汁（または水）…… 大さじ2
　├ ゆずこしょう …… 小さじ1
　└ 万能ねぎ（小口切り）…… 2本

作り方
1 切り干し大根はもみ洗いし、ひたひたの水に20分つけて戻し（a）、水けを絞って食べやすく切る。
2 鍋に湯を沸かして塩少々（分量外）を加え、切り干し大根をさっとゆで（b）、ざるに上げて水けを絞る。続けて豚肉を弱火で2〜3枚ずつゆで、色が変わったらざるに上げる。
3 ボウルにAを入れて混ぜ、豚肉、切り干し大根を加えてあえる。

(a)

(b)

メモ 切り干し大根はうまみが逃げないよう、ひたひたの水につけて戻すのがポイント。さっとゆでるとクセがなくなって、歯ごたえもよく、味が入りやすくなります。豚肉と合わせれば、食べごたえも満点。ささみや鶏むね肉、ハムで作ってもおいしいです。

切り干し大根で

ザーサイの中華あえ

材料（2〜3人分）
切り干し大根（乾燥）…… 30g
味つきザーサイ（びん詰）…… 1/2 びん(50g)
にんじん …… 1/3 本
A ┃ ごま油 …… 小さじ2
　 ┃ しょうゆ、酢、金いりごま
　 ┃ （または白いりごま）…… 各小さじ1
　 ┃ 塩 …… 少々

作り方
1 切り干し大根はもみ洗いし、ひたひたの水に20分つけて戻し、食べやすく切る。塩少々（分量外）を加えた熱湯でさっとゆで、ざるに上げて水けを絞る（108ページ参照）。
2 ザーサイは細切りに、にんじんは皮をむいてスライサーでせん切りにする。
3 ボウルにAを入れて混ぜ、2、1を加えてあえる。

メモ　うまみたっぷりの味つきザーサイを合わせ、しょうゆ、酢、ごま油で作った中華だれであえた、ごはんがすすむひと皿です。ザーサイのかわりに、メンマやたくあんなどの漬けもので作るのもおすすめです。

切り干し大根で

トマトの青じそあえ

材料（2〜3人分）
切り干し大根（乾燥）…… 30g
トマト …… 1個
青じそ …… 10枚
A ┌ オリーブ油 …… 大さじ2
　│ 白ワインビネガー …… 大さじ1
　│ 玉ねぎ（すりおろす）…… 小さじ1
　│ 塩 …… 小さじ1/3
　└ こしょう …… 少々

作り方
1 切り干し大根はもみ洗いし、ひたひたの水に20分つけて戻し、食べやすく切る。塩少々（分量外）を加えた熱湯でさっとゆで、ざるに上げて水けを絞る（108ページ参照）。
2 トマトはヘタを除いてくし形に、青じそは粗みじん切りにする。
3 ボウルにAを入れて混ぜ、2、1を加えてあえる。

メモ　トマトの甘酸っぱさ、青じそのさわやかな香りがきいた、さっぱりとした味わいのサラダ。青じそは粗みじん切りにして、少し存在感を出すのがコツです。ゆでたスナップえんどう、揚げたなすで同様に作っても合います。

ひじきと焼ききのこのゆずあえ

材料（2〜3人分）
芽ひじき（乾燥）……20g
まいたけ……1パック（100g）
しめじ……1パック（100g）
A ┌ ゆずの絞り汁、オリーブ油……各大さじ1
　├ 砂糖……小さじ1
　└ 塩……小さじ½

作り方
1. ひじきはさっと洗い、たっぷりの水に30分つけて戻し（a）、塩少々（分量外）を加えた熱湯で3〜4分ゆで（b）、ざるに上げる。きのこは石づきを除き、食べやすくほぐす。
2. フライパンにきのこ、酒小さじ1、塩少々（ともに分量外）を入れ、ふたをして中火にかけ、蒸気が出てしんなりしたらふたをとり、強火で汁けをとばしながらいりつける。
3. ボウルにAを入れて混ぜ、2、ひじきを加えてあえる。

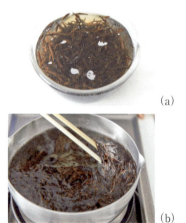

(a)
(b)

メモ
ひじきは砂や汚れがついている場合があるので、さっと洗ってたっぷりの水にひたして戻し、あえものにする場合は、そのあとゆでて磯くささを抑えるのがポイント。香りよく蒸し焼きにしたきのこと合わせることで、風味豊かなサラダになります。きのこはえのきやエリンギなどでもよく、合わせて200gを使ってください。ゆずの絞り汁のかわりに、レモン汁でも。

ひじきで

大豆のカレードレッシングあえ

材料（2～3人分）
芽ひじき（乾燥）……20g
ゆで大豆……1カップ（120g）
みょうが……2個
A ┃ オリーブ油……大さじ1
　┃ 白ワインビネガー……小さじ2
　┃ カレー粉、ケチャップ……各小さじ1
　┃ 塩、はちみつ……各小さじ1/2
　┃ にんにく、しょうが（ともにすりおろす）
　┃ 　……各1/2かけ

作り方
1　ひじきはさっと洗い、たっぷりの水に30分つけて戻し、塩少々（分量外）を加えた熱湯で3～4分ゆで、ざるに上げる（112ページ参照）。みょうがは縦半分に切り、斜め薄切りにする。
2　ボウルにAを入れて混ぜ、大豆、1を加えてあえる。

メモ　和食のイメージが強いひじきですが、カレー味とも相性ぴったり。ごはんによく合うおかずです。大豆のかわりに、ハムやベーコン、ソーセージでも。香りづけのみょうがは、青じそや万能ねぎにしてもいいですね。

ひじきで

白菜とツナのにんにくマヨあえ

材料（2〜3人分）
芽ひじき（乾燥）……20g
白菜……小4枚
ツナ缶（汁けをきる）……小1缶（70g）
A ┌ にんにく（すりおろす）……1/2かけ
　│ マヨネーズ……大さじ4
　│ レモン汁……小さじ1
　└ 塩、こしょう……各少々

作り方
1 ひじきはさっと洗い、たっぷりの水に30分つけて戻し、塩少々（分量外）を加えた熱湯で3〜4分ゆで、ざるに上げる（112ページ参照）。
2 白菜は横5mm幅に切り、塩小さじ1/2（分量外）をまぶし、しんなりしたら水けを絞る。
3 ボウルにAを入れて混ぜ、ツナ、1、2を加えてあえる。

メモ
塩もみした白菜、ツナとあえたボリュームサラダ。白菜は内側のやわらかい葉を使うと、甘みがあっておいしい。繊維を断つように横に細切りにするのがポイントで、歯あたりがやわらかくなります。白菜のかわりにキャベツ、きゅうり、セロリで作っても。ツナのかわりに、ハムやゆでた鶏肉、豚肉でも合います。

マカロニとじゃがいもの明太マヨあえ

材料(2〜3人分)
マカロニ —— 100g
じゃがいも —— 1個(150g)
玉ねぎ —— 1/4個
マヨネーズ —— 大さじ1
A ｜ 明太子(薄皮を除く)
　　　—— 1腹(2本・80g)
　｜ マヨネーズ —— 大さじ5
　｜ レモン汁 —— 大さじ1/2
塩 —— 適量

作り方
1 じゃがいもは皮をむいて4等分に切り、さっと洗う。玉ねぎは薄切りにし、塩少々をふってもみ、しんなりしたら洗って水けを絞る。
2 鍋にじゃがいも、水1.5ℓ、塩小さじ2を入れて火にかけ、煮立ったら強めの中火で5分ゆでる。マカロニも加えて袋の表示より2分長くゆで、湯を捨てて火にかけて水けをとばし、いもをつぶしながらマヨネーズを混ぜて冷ます。
3 ボウルにAを入れて混ぜ、2、玉ねぎを加えてあえる。

メモ

マカロニとじゃがいもは一緒にゆで、いものうまみをマカロニに吸わせて。マカロニは長めにゆでると、冷めてもやわらかいです。じゃがいもは熱いうちにマヨネーズを加え、コクを出します。

マカロニとブロッコリーのフレンチドレッシングあえ

材料（2～3人分）
マカロニ……100g
ブロッコリー……1株
ロースハム……4枚
A ┃ 白ワインビネガー、オリーブ油
　　　……各大さじ2
　┃ 玉ねぎ（すりおろす）……小さじ2
　┃ 塩、砂糖……各小さじ1/3
　┃ こしょう……少々

作り方
1　ブロッコリーは小房に分け、茎は皮をむいて1cm幅の半月切りにする。ハムは半分に切り、5mm幅に切る。
2　熱湯1.5ℓに塩小さじ2（分量外）を加え、マカロニを袋の表示より2分長くゆでる。ゆで上がる3分前にブロッコリーを加えて一緒にゆで、ざるに上げる。
3　ボウルにAを入れて混ぜ、ハム、2を加えてあえる。

メモ　マカロニの甘さが引き立つように、ドレッシングには砂糖を少し加えて。玉ねぎのすりおろしで、風味もプラスしました。ハムをツナにかえたり、ブロッコリーのかわりにアスパラ、スナップえんどう、グリーンピースで作ってもおいしいです。

スパゲッティとグリーンピースのカレーマヨあえ

材料（2〜3人分）
スパゲッティ……100g
グリーンピース（冷凍）……2カップ（200g）
A ┃ クリームチーズ（室温に戻す）……20g
　 ┃ マヨネーズ……大さじ4
　 ┃ カレー粉、しょうゆ……各小さじ1
　 ┃ しょうが（みじん切り）……1かけ

作り方
1 熱湯1.5ℓに塩小さじ2（分量外）、グリーンピースを加えて火にかけ、再び煮立ったらスパゲッティを半分に折って加えて袋の表示より2分長くゆで、ざるに上げて粗熱をとる。
2 ボウルにAを入れて混ぜ、1を加えてあえる。

メモ

どっさり入れたグリーンピースのフレッシュな味わいが、とびきりおいしいひと皿。グリーンピースはスパゲッティと一緒に鍋に入れ、少し長めにゆでると、クセがなくなり、皮もやわらかく、甘みが際立ってうまみが出ます。生のグリーンピースを使う場合は、15分ほどしっかりゆでて。スパイシーなカレー風味に、クリームチーズでコクとまろやかさを加えました。アスパラやブロッコリーで作ってもよく合います。

スパゲッティと生ハムのバジルあえ

材料（2〜3人分）
スパゲッティ……100g
生ハム……6枚（60g）
きゅうり……1本
A ┃ バジルの葉（粗みじん切り）……2枚
　┃ にんにく（すりおろす）……1/2かけ
　┃ 白ワインビネガー、オリーブ油
　┃ 　……各大さじ2
　┃ 塩、砂糖……各小さじ1/3

作り方
1 スパゲッティは半分に折り、塩小さじ1強（分量外）を加えた熱湯1ℓに入れ、袋の表示より2分長くゆで、ざるに上げて粗熱をとる。
2 きゅうりは小口切りにし、塩ふたつまみ（分量外）をまぶし、しんなりしたら水けを絞る。生ハムはひと口大にちぎる。
3 ボウルにAを入れて混ぜ、生ハム、1、きゅうりを加えてあえる。器に盛り、バジルの葉（分量外）をのせる。

メモ　バジルの香り、生ハムの塩けがきいた、さっぱりとしたスパゲッティサラダ。イタリアンドレッシングであえました。ドレッシングは隠し味に砂糖を加えることで、うまみを立たせ、酸味をおだやかに。冷蔵室で冷やして食べるのもおすすめです。生ハムのかわりにロースハム、きゅうりをトマトにして作っても美味です。

春雨とみつばのヤムウンセン風

材料（2〜3人分）
春雨（乾燥）……40g
ボイルえび……15尾（200g）
みつば……1袋
A ┌ ナンプラー、レモン汁
  │   ……各大さじ1½
  │ 砂糖……大さじ1
  │ 豆板醤……小さじ½
  └ にんにく（みじん切り）……½かけ

作り方
1 春雨は熱湯で5分ゆで、さっと洗ってざるに上げ、水けを絞って食べやすく切る。
2 えびは尾を残して殻をむき、みつばは3cm長さに切る。
3 ボウルにAを入れて混ぜ、2、1を加えてあえる。

春雨を使ったタイの定番サラダ。エスニックサラダの代表的なものです。春雨は熱湯につけて戻すよりも、ゆでると食感がよくなるので覚えておいて。みつばのかわりに香菜（シャンツァイ）を入れると、よりタイ料理っぽくなります。たっぷりのえびを加えて、ナンプラーのうまみを引き立たせます。

春雨ときくらげの中華あえ

材料（2〜3人分）
春雨（乾燥）……40g
きくらげ（乾燥）……10個（5g）
きゅうり……1本
A ┌ 酢……大さじ1½
　│ しょうゆ……大さじ1
　│ ごま油……大さじ½
　│ 砂糖、ラー油、しょうが汁
　└　　……各小さじ1

作り方
1 春雨は熱湯で5分ゆで、さっと洗ってざるに上げ、水けを絞って食べやすく切る。
2 きくらげは水につけて戻し、熱湯でさっとゆでて半分に切る。きゅうりは斜め薄切りにし、細切りにする。
3 ボウルにAを入れて混ぜ、2、1を加えてあえる。

メモ　春雨のツルツルの歯ごたえ、きくらげのコリッとした食感が楽しめる、定番の中華サラダ。きゅうりのかわりに玉ねぎを入れたり、きくらげではなく、塩くらげで作っても。にんじんや薄焼き卵を加えても、色みが美しく、おいしくなります。

定番あえもの

キャベツのごまあえ

材料（2〜3人分）
キャベツ……4枚
金いりごま（または白いりごま）……大さじ3
A ｛ 砂糖、しょうゆ……各小さじ1
　　水……大さじ1

作り方
1 キャベツは熱湯で2分ゆでてざるに上げ、粗熱がとれたら3cm角に切る。塩小さじ1/4（分量外）をまぶし、冷めたら水けを絞る。
2 いりごまはフライパンでからいりし、すり鉢に入れ、すりこ木で少し油が出るまですり、Aを順に加えてすり混ぜる。1を加え、木ベラであえる。

メモ

定番のごまあえですが、ごまを黒いりごまにしたり、甘くないもの、酢を加えてさっぱりさせてもおいしい。野菜はそれ自体の甘みが感じられるように、少しやわらかめにゆで、下味を薄くつけると、ぐっと味わい深くなります。あえごろもに砂糖が入る時は、必ず砂糖から加えると、なじみがいいです。かわりにすりごまを使う場合は、からいりせずに調味料を混ぜてください。

ブロッコリーの黒ごまあえ

材料（2～3人分）
ブロッコリー（小房に分ける）……1/2 株
黒いりごま（からいりする）……大さじ 3
しょうゆ……小さじ 1

作り方
1 ブロッコリーは熱湯で 1 分ゆでてざるに上げ、熱いうちにしょうゆ小さじ 1/2（分量外）をからめて冷ます。
2 すり鉢に黒ごまを入れてすり、しょうゆを加えてすり混ぜる。1を加えてあえる。

ごぼうのごま酢あえ

材料（2～3人分）
ごぼう（皮ごと長さを 3 等分に切る）……1/2 本
金いりごま（または白いりごま・からいりする）
　……大さじ 3
A ｛ 砂糖……小さじ 1
　　 しょうゆ……小さじ 1/2
　　 酢……小さじ 2
　　 水……大さじ 1

作り方
1 鍋にごぼう、たっぷりの水を入れて火にかけ、煮立ったら中火で 10 ～ 15 分ゆで、ざるに上げる。粗熱がとれたらすりこ木でたたき割り、5cm 長さに切り、しょうゆ小さじ 1/2（分量外）をからめる。
2 すり鉢にいりごまを入れてすり、Aを順に加えてすり混ぜる。1を加えてあえる。

定番あえもの

にんじんの白あえ

材料（2〜3人分）
にんじん……1本
A ┃ だし汁（または水）……¼カップ
　 ┃ 塩、しょうゆ……各少々
木綿豆腐……⅓丁（100g）
B ┃ 白練りごま……大さじ1
　 ┃ 砂糖……小さじ1
　 ┃ 塩……ふたつまみ
　 ┃ しょうゆ……小さじ½

作り方
1 豆腐はキッチンペーパーで包んで10分おく。にんじんは皮をむいて長さを半分に切り、スライサーでせん切りにし、Aとともに鍋に入れて中火で3〜4分煮、ざるに上げて冷ます。
2 すり鉢に豆腐を入れ、すりこ木でなめらかにすり、Bを順に加えてすり混ぜる。にんじんを加えてあえる。

メモ
同じ白あえでも、にんじんは甘め、ほうれんそうは甘さ控えめ、豆苗（トウミョウ）は塩とごま油で甘くないサラダ風に。豆腐は水きりしすぎないのがコツで、重しをのせずに少し時間をかけて水きりすると、うまみが逃げずにおいしい。すり鉢でていねいにすると、ふんわりと格別な味わいになります。ブロッコリー、アスパラ、絹さや、もやし、春菊、セロリ、ひたし豆、きのこ、ほたてのほか、いちごやいちじく、りんご、柿などで作っても。

ほうれんそうの白あえ

材料（2〜3人分）
ほうれんそう……小1束（200g）
木綿豆腐……1/3丁（100g）
A ┌ 白練りごま……大さじ1
　├ 砂糖……小さじ1/2
　├ 塩……ふたつまみ
　└ しょうゆ……小さじ1

作り方
1　豆腐はキッチンペーパーで包んで10分おく。ほうれんそうは熱湯で1分ゆでて水にとり、水けを絞って5cm長さに切る。しょうゆ小さじ1（分量外）をからめ、しっかり絞る。
2　すり鉢に豆腐を入れてすり、Aを順に加えてすり混ぜる。ほうれんそうを加えてあえる。

豆苗（トウミョウ）の白あえ

材料（2〜3人分）
豆苗（長さを半分に切る）……1袋
木綿豆腐……1/3丁（100g）
A ┌ 塩……小さじ1/4
　└ ごま油……小さじ1

作り方
1　豆腐はキッチンペーパーで包んで10分おく。豆苗は熱湯でさっとゆでてざるに上げ、塩ふたつまみ（分量外）をまぶし、冷めたら水けを絞る。
2　すり鉢に豆腐を入れてすり、Aを順に加えてすり混ぜる。豆苗を加えてあえる。

定番あえもの

セロリの塩昆布あえ

材料（2〜3人分）
セロリ……2本
A ┃ 塩昆布、金いりごま（または白いりごま）
　　　……各大さじ1
　　┃ レモン汁、ごま油……各小さじ1

作り方
1 セロリはあれば筋を除き、細長い乱切りにし、葉は7〜8mm幅に切る。
2 ボウルに1、Aを入れてあえる。

メモ　あえたてでも、時間が少したってもおいしい。にんじん、キャベツ、かぶ、新玉ねぎで作っても合います。

かぶの塩昆布あえ

材料（2〜3人分）
かぶ……3個
かぶの葉……1個分
A ┃ 塩昆布……大さじ1
　　┃ 酢……小さじ1
　　┃ しょうゆ……小さじ1/2

作り方
1 かぶは皮ごとスライサーで薄い輪切りにし、葉はさっとゆでて3cm長さに切り、水けを絞る。
2 ボウルに1、Aを入れてあえる。

メモ　浅漬け風の和えサラダ。大根、きゅうり、にんじん、レタス、新玉ねぎでも同様に作れます。

小松菜の梅あえ

材料（2〜3人分）
小松菜 …… 小1束（200g）
A ┃ 梅干し（たたく）、水 …… 各大さじ1
　┃ しょうゆ、砂糖 …… 各小さじ1/3
　┃ 削り節 …… 1パック（2g）

作り方
1 小松菜は熱湯で2分ゆでてざるに上げ、粗熱がとれたら4〜5cm長さに切る。しょうゆ小さじ1/2（分量外）をからめ、冷めたらしっかり絞る。
2 ボウルにAを入れて混ぜ、1を加えてあえる。

メモ　しょうゆをからめてから絞る「しょうゆ洗い」がおいしさのコツ。ブロッコリーや絹さやで作っても美味です。

わかめの酢みそあえ

材料（2〜3人分）
塩蔵わかめ …… 50g
A ┃ 白みそ …… 大さじ2
　┃ 砂糖 …… 大さじ1
　┃ だし汁（または水）…… 大さじ3
酢 …… 大さじ2
練りがらし …… 小さじ1/2

作り方
1 わかめは水につけて戻し、水けを絞ってひと口大に切り、しょうゆ、酢各少々（分量外）をからめる。
2 小鍋にAを入れて中火にかけ、木ベラでぽってり煮詰め、冷めたら酢、からしを混ぜる。1を加えてあえる。

メモ　みそを煮詰めることで、まろやかに。こんにゃく、塩もみきゅうりでも。

藤井 恵(ふじい めぐみ)

1966年、神奈川県生まれ。管理栄養士。女子栄養大学卒業後、料理番組、フードコーディネーターのアシスタントなどを経て、料理研究家に。著書に『から揚げ、つくね、そぼろの本』『ギョウザ、春巻き、肉団子の本』『のっけ弁100』『やせつまみ100』『もっと!やせつまみ100』(すべて小社刊)など多数。
http://www.fujiimegumi.jp

デザイン
佐藤芳孝

撮影
宮濱祐美子

スタイリング
大畑純子

撮影協力
UTUWA
東京都渋谷区千駄ヶ谷3-50-11
明星ビルディング1F
tel.03-6447-0070

取材
中山み登り

校閲
滄流社

編集
足立昭子

和えサラダ

著　者／藤井 恵
編集人／小田真一
発行人／倉次辰男
発行所／株式会社 主婦と生活社
　　　　〒104-8357　東京都中央区京橋3-5-7
　　　　tel.03-3563-5321（編集部）
　　　　tel.03-3563-5121（販売部）
　　　　tel.03-3563-5125（生産部）
　　　　http://www.shufu.co.jp
印刷所／凸版印刷株式会社
製本所／株式会社若林製本工場
ISBN978-4-391-15269-2

落丁・乱丁の場合はお取り替えいたします。お買い求めの書店か、小社生産部までお申し出ください。
Ⓡ本書を無断で複写複製（電子化を含む）することは、著作権法上の例外を除き、禁じられています。
本書をコピーされる場合は、事前に日本複製権センター（JRRC）の許諾を受けてください。
また、本書を代行業者等の第三者に依頼してスキャンやデジタル化をすることは、たとえ個人や家庭内の利用であっても一切認められておりません。
JRRC（https://jrrc.or.jp　Eメール：jrrc_info@jrrc.or.jp　tel：03-3401-2382）

©MEGUMI FUJII 2019　Printed in Japan

お送りいただいた個人情報は、今後の編集企画の参考としてのみ使用し、他の目的には使用いたしません。詳しくは当社のプライバシーポリシー（http://www.shufu.co.jp/privacy/）をご覧ください。